De Rainha a Serva de Deus

Sula Miranda

De Rainha a Serva de Deus

Companhia
Editora Nacional

Diretor superintendente: Jorge Yunes
Diretora editorial adjunta: Soraia Reis
Editora: Anita Deak
Assistência editorial: Audrya Oliveira
Preparação: Valentina Nunes
Revisão: Nina Rizzo
Coordenação de arte: Márcia Matos

Foto de capa: Luiz Berenguer
Fotos do miolo: Arquivo pessoal da autora

CIP - BRASIL. CATALOGAÇÃO NA PUBLICAÇÃO
SINDICATO NACIONAL DOS EDITORES DE LIVROS, RJ

M672d

Miranda, Sula
De rainha a serva de Deus / Sula Miranda. - 1. ed. - São Paulo: Companhia Editora Nacional, 2016.
208 p.; 23 cm.

ISBN 978-85-04-01994-0

1. Miranda, Sula -- Narrativas pessoais. 3. Conversão ao Cristianismo. 2. Testemunho (Cristianismo). I. Título.

16-30643 CDD: 248.246
CDU: 27-184.35

Impressão e acabamento: Diario de São Paulo Comunicações Ltda - Março 2016

Companhia Editora Nacional

Rua Funchal, 263 - bloco 2 – Vila Olímpia
São Paulo – SP – 04551-060 – Brasil – Tel.: (11) 2799-7799
www.editoranacional.com.br – comercial@ibep-nacional.com.br

Ao Deus Todo Poderoso que me preservou até aqui.

Às minhas irmãs Maria Odete e Yara e aos meus irmãos Fabio e Ângelo, por terem sempre cuidado de mim e me apoiado.

Às pessoas que fizeram parte da minha história e que direta ou indiretamente contribuíram para meu crescimento espiritual nesta jornada.

Aos profissionais que contribuíram em cada etapa desta obra.

E a você que tem este livro em mãos e me dá a oportunidade de alguma forma fazer parte da mudança em sua vida.

Sumário

Os primeiros passos com Deus

Houve uma época em minha vida em que muitos valores estavam completamente fora de lugar. Minha felicidade, por exemplo, tinha pesos e medidas, e, inclusive, preço. Ela dependia de dinheiro, sucesso, fama, conforto, bens materiais, visibilidade e notoriedade. Tudo começou a mudar por volta de 2004, quando comecei a descobrir a sabedoria de

Deus e a entrar em comunhão com Ele, convertendo-me à sua Palavra. Essa transformação, porém, não ocorreu de uma hora para outra: na verdade, precisei atravessar um longo processo que envolveu muitos questionamentos e reflexões. O testemunho desse processo está narrado neste livro.

Hoje posso garantir que vivo em equilíbrio com a Palavra de Deus e sinto paz interior. Minha felicidade é profunda, irradiante e completa. Sou atualmente muito mais feliz do que já fui em qualquer outro momento da minha vida, inclusive quando estava no auge do sucesso.

Para chegar até aqui, porém, precisei revisar e analisar tudo o que vivi antes de 2004 (ano em que passei a frequentar a igreja), incluindo os momentos mais altos e os mais baixos, meus erros e acertos, minhas alegrias e tristezas, de modo a conseguir vislumbrar a presença de Deus em minha caminhada. Naquela época, eu acreditava que as situações ruins eram obstáculos rotineiros da vida. Só mais tarde, descobri que eram, na verdade, importantes passos em direção ao Senhor. Eu apenas estava sendo disciplinada em meu percurso.

Quando estamos envolvidos em um processo de grandes transformações, quando vivenciamos acontecimentos em pleno transcurso – e que nos provocam um turbilhão de emoções –, é difícil perceber que, no fundo, por mais delicados e às vezes tortuosos que eles sejam, tudo conspira para um bem maior. Comigo aconteceu assim. No entanto, nem sempre é possível decifrar esse movimento.

Felizmente, acabei aprendendo e entendendo como ler os desígnios de Deus no dia a dia. Desde minha conversão, sei quando Ele está falando comigo, quando está me dirigindo na vida, ainda que por meio de decisões que, em tese, não seriam as minhas. Essa é uma afirmação que pode soar estranha aos ouvidos de quem não pratica a Palavra do Senhor, mas hoje, como serva de Deus, eu O obedeço porque tenho confiança de que Ele me indica o melhor a fazer cada vez que tenho dúvidas e lhe peço orientação.

E a maioria das pessoas? Será que elas conseguem entender a voz de Deus, que, aliás, nem sempre se manifesta como uma voz? Será que conseguem pedir orientação e entender seus desígnios? Essas foram algumas das questões que me impulsionaram a registrar este testemunho. O que me moveu nesta missão, desde o início, foi o desejo de motivar outras pessoas a entender e a buscar a transformação de suas próprias vidas.

Há muito tempo, venho procurando um caminho para levar adiante este querer que o Senhor colocou em meu coração. Depois de viver oportunidades gratificantes e muitos privilégios que recebi cedo em minha vida, depois de enfrentar grandes desafios e também dolorosas e marcantes perdas e, ainda assim, entre acontecimentos bons e ruins, ter seguido em frente com perseverança e fé, entendi que finalmente era hora de compartilhar essas experiências. A escrita me pareceu um meio de conseguir atingir o maior número de pessoas.

Desde o início, minha intenção com este livro foi prestar um testemunho vivo da minha transformação. Muita gente acompanhou boa parte da minha vida pública, sobretudo minha carreira na música e na televisão, mas não é exatamente dessa trajetória que eu pretendo falar aqui. Preferi detalhar meu processo de mudança interior, que afinal se refletiu em minhas escolhas e posturas, porque me pareceu a melhor opção para ajudar meus leitores a tirar conclusões edificantes para suas próprias vidas e a vida de seus semelhantes – aliás, exatamente como fizeram e nos permitiram fazer os apóstolos e os demais personagens bíblicos.

Reservadas as proporções e com muito respeito pela *Bíblia* e pela Palavra do Senhor, reconheço que, para dar forma a este livro, guiei-me pela *Bíblia* e pelos ricos e edificantes testemunhos que ela contém. É por isso que, intercalando-se com as minhas experiências aqui relatadas, reproduzo neste testemunho muitos versículos escolhidos pela pertinência do tema e da lição que possuem, com o cuidado de relacioná-los ao que vivi e pretendo transmitir. Espero, sinceramente, que meu exemplo de vida seja útil e motivador.

Não sou exatamente uma escritora, mas sei que aqui o importante é falar como pessoa. A minha carreira artística me trouxe reconhecimento público, mas não é isso que está em questão neste livro. Escolhi falar com vocês, leitores, de igual para igual. Meu ponto de vista é o de uma pessoa comum, um ser humano sujeito a erros e acertos, a escolhas melhores e outras piores. O caminho de qualquer transformação passa inevitavelmente pelos descaminhos. A diferença entre os rumos que uma pessoa escolhe está na bifurcação da estrada: por qual caminho seguir depende sempre do que realmente importa na vida de cada um, quais serão suas prioridades para alcançar a paz e a plenitude espiritual.

Meu encontro com Deus se concretizou quando descobri sua sabedoria e decidi conhecer e viver em comunhão com sua Palavra. Confesso que por muito tempo estive em busca de espiritualidade e passei por várias experiências. Ainda criança e adolescente, por exemplo, vivi meu batismo na fé católica e convivi de perto com a umbanda, por meio de meus pais. Já adulta, vivenciei e conheci outras expressões de religiosidade e espiritualidade, do "Om ao Zen", como costumava dizer.

Por incrível que pareça, meu verdadeiro encontro com Deus e seu amor incondicional aconteceu quando eu havia alcançado e realizado a maioria dos meus sonhos e desejos. Ao contrário do que muito se diz por aí, naquele momento eu realmente não sentia um vazio a ser preenchido. Acontecia justamente o contrário: eu estava repleta de satisfações. O que precisava mudar era a ordem de prioridade dessas satisfações.

Por mais que eu tenha sido abençoada com a rápida realização dos meus sonhos, a verdade é que, proporcionalmente, também vivi grandes desencantos nesse caminho. Boa parte deles abordarei nas próximas páginas com a intenção de mostrar como a lição que tirei de cada perda se tornou muito maior do que a dor em si – mas também para refletirmos como essa lição se mostrou maior do que a frágil e equivocada ideia de felicidade que eu costumava cultivar.

Em minha trajetória artística, em pouquíssimo tempo ganhei dinheiro, tive fama, beleza, conforto, notoriedade e amores. Quase tudo o que desejei, conquistei muito rapidamente. Se eu retroceder no tempo, vejo que essas conquistas foram, inclusive, anteriores ao meu auge como "Rainha dos Caminhoneiros".

Para quem não se lembra ou simplesmente não sabe porque não viveu aquela época, meu primeiro sucesso como artista da música aconteceu em 1978, quando eu tinha apenas 14 anos de idade. Falo do sucesso que alcancei com o conjunto *As Melindrosas*, do qual faziam parte minhas irmãs Maria Odete e Yara, uma amiga e eu. Falarei mais adiante dessa fase, até porque a Maria Odete, que ficaria conhecida como a cantora Gretchen, logo sairia do grupo, mas o que interessa apontar agora é que, aos 14 anos de idade, eu já possuía conta bancária recheada e talão de cheque! Também tinha visibilidade, fazia shows, dava entrevistas e ia a programas de televisão.

É claro que não foram só flores nesse meu percurso de vida, porque ele também foi marcado, como eu disse, por significativas perdas e alguns desencantos, principalmente em minha vida pessoal. Disso também voltarei a falar, visando despertar mais a razão do que a emoção de vocês, meus leitores, até porque perdas e desencantos se tornaram o motor para eu dar a volta por cima frente às diferentes provações. Hoje eu sei que eram os desígnios de Deus me preparando para a jornada de transformações que eu já começava a trilhar e ainda não sabia.

De qualquer maneira, foi esse meu sucesso precoce como cantora, em especial como cantora sertaneja, que abriria portas importantes em minha carreira, porque logo eu me tornaria apresentadora de TV (de programas sertanejos e femininos), radialista, decoradora profissional e cantora gospel – e sem muita dificuldade. Minha realidade nesse período era assim: eu dizia "quero gravar um disco", ia lá, gravava e fazia sucesso com ele. Eu dizia "quero fazer um show" e logo entrava em turnê. Queria ter um programa de TV e conseguia, e junto vinham bons índices de audiência, assim como todo o conforto que o sucesso costuma proporcionar, permitindo-me morar bem, me vestir bem, viajar e frequentar bons lugares. Eu dava muitas entrevistas, saía em revistas e estava na mira dos fotógrafos. Não havia, portanto, como eu disse antes, um vazio a ser preenchido.

Em minha vida pessoal, quando decidi colocar o presente testemunho no papel, eu também vivia um tempo de muito amor. Era um amor tão grande que optei por me dedicar a vivê-lo por inteiro. Foi um período em que me afastei das inúmeras atividades que assumira a vida toda, para ser esposa, mãe e dona de casa. Minha carreira de cantora, assim como as de apresentadora, radialista e de decoradora foram colocadas em segundo plano. Pude então olhar o mundo com outros olhos e descobrir os sentidos da Palavra do Senhor, pois já frequentava a igreja há um ano.

Quanto mais ouvia e entendia os ensinamentos contidos na *Bíblia*, quanto mais revisitava meu passado a partir dessas lições, quanto mais observava o comportamento de pessoas próximas vivendo em comunhão com a ética e o amor de Deus, mais eu me questionava sobre a importância dos valores que eu cultivara anteriormente e durante tanto tempo. Logo, importantes indagações passaram a crescer dentro de mim: "Qual seria o propósito de tudo o que eu vivera? Por que o que eu quis esteve sempre ao alcance das minhas mãos?".

As perguntas foram se intensificando: "Ok, sou a 'Rainha dos Caminhoneiros', levo alegria às vidas desses trabalhadores das estradas, reconforto-os e os faço sentir uma saudade gostosa de casa, já que sempre falei da esposa deles em minhas músicas, mas o que mais eu poderia fazer por eles e por outras pessoas?". Meus questionamentos foram se intensificando: "Se eu tive a sorte de ser abençoada com o sucesso, se eu tive a sabedoria necessária para contornar os obstáculos e as perdas que me atingiram e consegui seguir meu caminho, não haveria aí algo muito maior?".

Acabei recebendo as respostas através da Palavra do Senhor, na medida em que passei a me aprofundar no conhecimento da *Bíblia* e pude, enfim, compreender o significado, a riqueza e a profundidade dos testemunhos que ela contém. Devo dizer que tudo foi algo realmente novo para mim, ainda que na infância eu tivesse estudado em colégios de freiras. A partir daí foi extremamente natural reavaliar meus valores e prioridades, a ponto de hoje realmente não me importar mais com ostentação, por exemplo. Hoje, para mim, menos é mais. Minha comunhão com Deus está em primeiro lugar. Dar valor ao que realmente importa na vida me proporcionou e me proporciona uma paz interior que eu nunca experimentara. Por isso comecei este depoimento falando justamente desse sentimento.

O processo de transformação pelo qual passei e que escolhi testemunhar envolveu um grande desafio, mas, ao mesmo tempo, se mostrou extremamente prazeroso. Dos contratempos diários, das dores, das lutas e das tristezas aqui relatadas, mostrarei como pude extrair aprendizagens significativas. Tudo isso porque descobri, afinal, que mesmo durante as tempestades, Deus está sempre presente e olhando por nós.

Perceber e reconhecer esse amor incondicional, especialmente nas horas de revolta interior, foi extremamente reconfortante, pois pude fortalecer minha fé a cada dificuldade. Assim, se na hora do aperto eu antes reclamava, e reclamava muito, aos poucos fui aprendendo a importância de dar glórias por aquilo que estava recebendo. Pessoas não convertidas podem estranhar essa atitude, mas quem vive em comunhão com o Senhor tem a certeza de que quem ama, educa. Contrariedades são uma das maneiras que Deus escolhe para nos disciplinar. Nunca se trata de punição, mas de educação. Relatar como eu me senti educada pelo Senhor me pareceu uma maneira de também ajudar a educar as pessoas.

Antes de seguir em frente, quero agradecer a autores como Rick Warren, Stormie Omartian, Max Lucado e ao Bispo Macedo por terem me inspirado com suas obras. Com eles entendi como falar das coisas de Deus. Hoje posso garantir que em todos os momentos e lugares em que me coloco à disposição Dele, tenho tido uma grata surpresa. Quando sou capaz de verdadeiramente falar "eis-me aqui", Ele passa a agir em todas as situações da minha vida. É essa presença que revelo humildemente nas próximas páginas.

De rainha a serva de Deus não foi um título que escolhi por acaso para este livro. Na verdade, ele diz muito porque, se um dia acreditei ter um reinado, hoje sei e sinto que estou inteiramente a serviço de Deus. Como sua serva, aprendi que somos todos iguais perante Nosso Senhor.

Aceitem, caros leitores, as palavras que se seguem, como um gesto de amor. Amor por vocês.

Sula Miranda

A importância de ouvir testemunhos

O percurso e o crescimento na fé costumam ser enriquecidos quando somos guiados e alimentados pelas experiências de outras pessoas. Ouvindo o que aconteceu com nossos semelhantes, podemos olhar os fatos de outra maneira, tendo novas visões e até mesmo diferentes posturas. Importante é saber que essas mudanças decorrem não apenas do que ouvimos, mas também do que essas histórias alheias são capazes de provocar em nossa maneira de pensar a vida.

Explico-me melhor: ao conhecer o que os outros viveram, o que sentiram e como reagiram, podemos comparar tudo isso com as nossas próprias vivências, sentimentos e reações. Ganhamos assim novas perspectivas. Conquistamos também o que afinal é mais gratificante: a percepção de que somos iguais aos olhos do Senhor, o que aguça a nossa consciência da presença de Deus em nossas vidas.

Essas reflexões são fruto do que experimentei em meu processo de mudança, quando passei a ouvir diferentes testemunhos, dos relatos bíblicos aos depoimentos de tantos irmãos de fé. Por isso afirmo o que, por experiência própria, tornou-se uma verdade incontestável: os testemunhos são fundamentais para nos ajudar a mudar, a entender nosso passado e a agir em nosso presente. No meu caso, em especial, pude perceber quanto fui abençoada – tanto em relação às facilidades que sempre me rodearam, quanto em relação às dificuldades que também me atingiram.

Tudo começou para mim quando percebi que havia muita semelhança entre o que eu ouvia das histórias das pessoas e as histórias contidas na *Bíblia*. A *Bíblia* é um livro sagrado que nos oferece testemunhos de indivíduos como nós, nem melhores, nem piores, apenas homens e mulheres com seus erros e acertos. A partir das histórias deles, vamos colecionando exemplos de pessoas que mudaram de comportamento e obtiveram milagres por meio da fé. Ficamos sabendo também que os erros não ficam ocultos e que os acertos são justificados, ou seja, na vida colhemos o que semeamos, para o bem ou para o mal.

Antes de estar na fé, sempre que atravessava uma fase complicada, eu me desesperava, reclamava, até blasfemava. Um dia, ouvi o relato de uma mulher. O marido a havia abandonado com dois filhos pequenos para viver com a amante. Por meio de seu depoimento, pude vislumbrar o sofrimento e a dor em sua forma mais bruta. Tomei consciência e cheguei a sentir vergonha de mim mesma pelas situações em que quis tirar satisfações com Deus pelas coisas que aconteciam comigo.

Como podemos clamar pela justiça divina, baseados apenas em nossos critérios egoístas, sem conhecer a verdadeira misericórdia do Senhor? Será que se Ele julgasse nossa causa na hora que julgamos ser a hora certa, seríamos realmente abençoados? Hoje compreendo que não. O amor de Jesus é imensamente maior do que conseguimos dimensionar, apesar de nossa desobediência, ansiedade e pré-julgamento.

Muitas vezes, caímos na cilada de invejar a vida alheia, achando que o outro foi atendido, não foi castigado e até recebeu bênçãos mesmo estando em pecado. Quando olhamos para o outro de maneira egoísta, deixamos de olhar para nós mesmos e nos perdemos. Devemos então vigiar e orar, e assim renovar nosso compromisso com o Pai, a cada dia. Devemos assegurar a salvação diária, tal como na oração: "O pão nosso de cada dia nos dai hoje...". E nunca deixar de ouvir e contar histórias de vida.

Ouvir histórias de vida alimenta a nossa alma e nos ajuda a alcançar o entendimento verdadeiro das coisas de Deus. Ao adquirir o hábito de ouvir histórias, pude experimentar o desejo do perdão e rever situações em que pensava não haver mágoas nem o que perdoar. Ao procurar as pessoas envolvidas naquelas situações, percebi que eu havia, sim, deixado questões mal resolvidas no passado. Isso me permitiu rever minhas posturas e sentimentos, e pedir perdão. Que bem isso me fez! Senti um misto de prazer e alívio que nunca experimentara.

A partir daí, me tornei capaz de ver tudo por diversos ângulos e perceber quanta mudança eu precisaria fazer em mim mesma. Mudei minhas relações pessoais e minha postura em situações cotidianas e em minha própria casa. Descobri logo que não preciso esperar que o outro faça algo ou mude alguma coisa. Basta que eu mesma mude minha atitude em relação às situações para que elas tomem outro rumo.

Gostaria de contar aqui uma história do meu passado, que ajuda a entender como muitas vezes nos cegamos com atitudes guiadas por valores que, na verdade, não têm tanta importância assim – e por isso mesmo deveriam ser pensadas e revistas. O fato aconteceu durante a festa de Ano Novo de 2005 para 2006. Por causa de minha formação, eu estava acostumada a dar muito valor ao glamour da festa em si, muito mais do que ao seu real significado de renascimento e de renovação dos nossos votos para com o Senhor e a vida, como hoje pratico e acredito ser o certo.

Pois bem. Querendo me esmerar na organização da ceia de Réveillon – na verdade, só eu estava dando importância às etiquetas festivas –, passei praticamente o dia 31 de dezembro inteiro na cozinha. Eu escolhera preparar um sofisticado peru assado, e a única pessoa que me ajudou nessa tarefa, que incluía a decoração da mesa de jantar e dos pratos, foi um tio do meu então companheiro. Devo dizer que a família dele, evangélica, estava mais atenta, naquela data, aos valores espirituais do que aos materiais.

Por fim, coloquei o peru no forno e, exausta, fui tomar banho e me arrumar para a virada de ano. Quando voltei à cozinha, para o toque final dos pratos, tive uma desagradável surpresa com o que encontrei: o tio, para me ajudar, teve a iniciativa de retirar o peru do forno e fatiá-lo, da maneira que lhe pareceu mais correta. Diante das fatias muito mais grossas do que eu imaginara para aquela ceia, simplesmente dei um "piti" sem tamanho. Acabei sendo descortês com o tio e estraguei boa parte do espírito da festa. Como eu estava cega para os valores que realmente importam!

Naquele momento, não tive a grandeza de avaliar quão importante tinha sido a ajuda que o tio me dera o dia inteiro. Tampouco enxerguei a pequenez de ter um peru milimetricamente cortado, comparado à profundidade da comunhão da família. Naquele momento, era mais importante estarmos bem uns com os outros e especialmente com Deus. É por isso que eu acredito que ouvir testemunhos, com histórias muito mais profundas e sérias do que as nossas acaba por nos ajudar a rever nossas posturas e valores. Como eu queria ter entendido, naquela ocasião, o que hoje sei! Minha atitude seria diferente naquela passagem de ano.

Faz algum tempo me capacitei a reavaliar constantemente a minha vida e as minhas atitudes, algo que se tornou possível depois que aprendi a ouvir, com o coração e o desprendimento necessário, as histórias de vida dos outros. Por isso, reforço e compartilho esta minha certeza: é essencial ouvirmos as histórias das outras pessoas, do maior número possível delas, até porque, mesmo servindo a Deus dentro de uma igreja, ainda assim estamos sempre sujeitos a nos perder e decair, sobretudo se não nos mantivermos vigilantes.

A fraqueza e a força estão em todos os lugares. Assim como as tentações e as más ações. É comum que pessoas, ainda que abençoadas na vida amorosa, financeira e familiar, se deixem seduzir por "compromissos" e valores equivocados, perdendo suas dádivas e transformando o que era bom em maldição. Por essa razão, ressalto a utilidade e a necessidade de tomarmos exemplos edificantes da vida de outras pessoas como um padrão de comparação, o que muito ajuda em nossos próprios exames de consciência.

Histórias de vida são testemunhos que devem ser usados como avisos – eles são sinais de tudo o que pode acontecer de bom e de ruim em nosso caminho. Também é importante perceber que a Palavra de Deus está repleta de testemunhos, assim como o mundo ao nosso redor. Precisamos, portanto, ter olhos e ouvidos sempre atentos, para extrair desses testemunhos a lição que mais se adequa às nossas vidas. Use, leitor, esses relatos a seu favor e evite cometer os mesmos erros que eles narram, afastando com isso os enganos de suas mentes e corações.

Abençoados sejam todos os que se dispõem a compartilhar suas experiências para conquistar almas e salvar vidas. Creiam que Deus usará a pessoa e a hora certa para alcançar vocês. Deem ouvidos. Ouçam e sigam a disciplina do Senhor, sempre. Assim, vocês crescerão e se aperfeiçoarão para ter o caráter de Cristo.

Entre o aborto e a vida

Não tenho dúvidas de que fui abençoada com uma carreira de sucessos que se ergueu em muito pouco tempo, trazendo-me muitas facilidades no meio artístico e midiático. Não por isso, no entanto, estive livre de me deparar com inúmeras dificuldades e obstáculos que se interpuseram em meu caminho – hoje, sei que foram colocados pelas mãos do Senhor, e justamente para me educar, disciplinar e me fazer buscar e desejar a transformação que vivi.

Minha trajetória como cantora, radialista e apresentadora de TV é de natureza pública, muita gente a acompanhou. O título "Rainha dos Caminhoneiros", aliás, continua bem vivo. O que quase ninguém soube ou se deu conta, sobretudo porque tinham natureza particular, foi dos fatos e dos acontecimentos dolorosos em minha vida e que exigiram que eu desenvolvesse, também precocemente, uma grande capacidade de superação. É desses momentos que quero falar mais, porque deles tirei lições importantes. Eles representam a melhor acepção da palavra testemunho.

Para situar melhor minha história pessoal, começo pelo meu nascimento. Sou a terceira filha, a única paulistana, do casal Mário Bahia Miranda e Maria José Brito de Miranda. Minhas outras duas irmãs, Maria Odete, a Gretchen, e Yara, hoje advogada, nasceram no Rio de Janeiro, onde minha família morou antes do meu nascimento.

Minha casa de infância ficava no bairro do Ipiranga, em São Paulo, onde, juntamente com minhas irmãs, ensaiei meus primeiros passos na vida artística. Nosso pai era um homem extremamente versátil, um verdadeiro multiprofissional. Entre várias atividades, era também responsável pelo agendamento das temporadas dos circos na cidade. Ele simplesmente amava o mundo das artes e, assim como minha mãe, que escrevia poesias como ninguém, desde muito cedo nos incentivou a fazer aulas de balé, de violão e a cantar.

Aquele foi o lado bom da minha infância, as minhas melhores lembranças. Muito antes disso, porém, tive literalmente de lutar pela minha vida. Tão logo minha mãe soube que estava grávida, ela não me desejou, pelo contrário. Ao longo da minha infância e adolescência, eu a ouviria repetir várias vezes essa rejeição, inclusive em conversas rotineiras: dizia que não me desejara porque, já então mãe de duas meninas, não queria ter mais um filho. No fim, ela resolveu ter o bebê e sei que esta minha vitória teve um único motivo: Deus estava olhando por mim.

Hoje, isso não me aborrece mais, pois fui compreendendo, com o tempo, principalmente depois de me tornar adulta, como minha mãe atravessava uma fase bastante difícil naquele momento da vida. O casamento com meu pai, que tinha então sérios problemas com o alcoolismo, não era nada favorável para gerar mais uma criança. Acredito que ela tinha sérios motivos para me rejeitar em seu ventre, mas aquele não era o plano de Deus para mim.

Sei que, em seu desespero, minha mãe chegou a pensar em fazer um aborto, mas meu pai não concordou, de jeito nenhum, o que a fez repensar no assunto. Hoje tenho plena certeza de que minha mãe quis abortar porque, naquele momento, sua mente fora invadida por pensamentos ruins, certamente uma intervenção maligna para mudar o que Deus havia planejado. No entanto, como os planos Dele nunca são frustrados, meu pai foi usado por Ele e impediu que o aborto ocorresse. Os planos de Deus nunca são desfeitos.

Acredito que iniciei meu relacionamento com Jesus exatamente naquele momento, ainda que só tenha tomado consciência disso recentemente.

"Pois tu formaste o meu interior, tu me teceste no seio da minha mãe. Graças te dou, visto que por modo assombrosamente maravilhoso me formaste; as tuas obras são admiráveis, e a minha alma o sabe muito bem."

Salmos 139: 13-14

Minha história, digamos que desde o princípio, foi, portanto, de muita luta – e naqueles meus primeiros anos, de muita luta pela vida. Hoje, sei que Deus realmente tem um propósito para cada um de nós, desde a nossa concepção.

"Nele, digo, em quem também fomos feitos herança, havendo sido predestinados, conforme o propósito daquele que faz todas as coisas, segundo o conselho da sua vontade, a fim de sermos para louvor da sua glória nós os que de antemão esperamos em Cristo."

Efésios 1: 11-12

Passada a ameaça do aborto, assim que nasci, tive de enfrentar um sério problema de saúde. Vim ao mundo com uma deficiência na laringe, que era muito estreita, além de ter a glândula timo aumentada, por isso mal conseguia respirar e sequer podia ser alimentada. Minha mãe não conseguia me amamentar e várias vezes durante o dia eu engasgava com minha própria saliva, sufocando-me. Minha vida, naquela época, esteve por um fio. Meus pais se revezavam em vigília 24 horas por dia. Após 20 dias de vida, fui levada a uma junta de cerca de 40 médicos, para que avaliassem meu caso.

Depois de muitos estudos, chegaram à conclusão de que eu precisava passar por um procedimento chamado traqueostomia: seria preciso abrir minha traqueia para introduzir uma cânula em seu interior e assim estabelecer um acesso respiratório. Isso significava que eu passaria o resto da vida com uma abertura na garganta, por onde sairia minha voz.

Meus pais precisaram decidir rapidamente se me submeteriam ou não àquela cirurgia, mas tampouco havia a certeza de que era o melhor caminho. Meu quadro era incomum: pouquíssimas pessoas haviam se submetido então à traqueostomia, ainda mais um bebê. No entanto, deixar de fazer o procedimento indicado implicaria em risco de morte. Naquele momento, minha mãe já tinha outra postura, bem diferente da que teve nas primeiras semanas de gravidez; sua vigília e dedicação eram sinais de que ela decidira lutar pela minha vida.

Foi então que Jesus agiu, dando à minha mãe a coragem de tomar a decisão certa para que se cumprisse a vontade Dele. Ressalto que meus pais não conheciam nem praticavam a fé que professo hoje em dia. É importante lembrar esse fato, pois às vezes achamos que a religiosidade ou a presença de Deus ou de Jesus só irá operar quando ou se a pessoa estiver frequentando uma igreja específica, mas não. Acontecimentos como este mostram que é Ele quem determina em qual situação seu poder será manifestado, conforme a fé de quem o invocar.

Ao decidir por não realizar a cirurgia, minha mãe optou por colocar o problema, literalmente, nas mãos de Deus. Foi uma decisão arriscada aos olhos de outras pessoas. Nos dias de hoje, com os avanços da medicina, em casos em que existem procedimentos conhecidos e boas chances de cura, o mais correto é não correr riscos desnecessários. Não era o meu caso naqueles primeiros anos da década de 1960. Naquelas circunstâncias, estávamos entregues às graças de Deus.

Hoje, digo que é em momentos assim que Ele gosta de agir: justamente ao nos depararmos com algo que parece impossível. Quão maravilhoso é o Senhor! Faz com que o ser humano, independentemente de religião e crença, aja pela sua fé!

Anos depois, minha mãe me contou que disse o seguinte ao médico que nos atendia: "Que seja feita a vontade de Deus". Esta foi a primeira prova de que Ele queria muito mais de mim e para mim.

"Ainda que eu ande no meio da angústia, tu preservarás a minha vida; estenderás a tua mão contra a ira dos meus inimigos, e a tua destra me salvará.

O Senhor cumprirá o que me diz respeito; o teu amor, ó Senhor, dura para sempre! Não desampares as obras de tuas mãos."

Salmos 138: 7-8

Com muita luta – dos meus pais, do médico que assumiu meu caso e acredito que minha também –, transcorreram-se noites a fio, sem que meu pai e minha mãe pudessem dormir direito. Houve, inclusive, inúmeras corridas inesperadas ao hospital, muitos gastos com medicamentos e alimentação especial. A dedicação total e o empenho incondicional da minha família, que ficou a postos até eu me recuperar, fez com que eu sobrevivesse, crescesse e, o que é melhor, pela graça de Deus, com muita saúde e nenhuma sequela.

Também não seriam mais leves nem menores as dificuldades por que passei nos primeiros anos de vida, afinal, nenhuma guerra é ganha sem inúmeras batalhas. O que eu sei é que a direção divina atuando sobre o médico fez com que chegássemos à cura total. Esse tipo de situação nos mostra que, ao longo de nossas vidas, Deus se servirá de pessoas como se fossem anjos aqui na Terra, para que, por meio de sua direção, realizem seus milagres.

"Ele mesmo tomou as nossas enfermidades e carregou as nossas doenças."
Mateus 8:17

Por isso, não me canso de repetir que precisamos estar atentos para perceber essas ações e reconhecer a mão de Deus operando em nossas vidas.

Quando nascemos, somos entregues por Deus aos nossos pais, para que eles zelem por nós e, ao mesmo tempo, aprendam conosco durante a trajetória da nossa existência. Nossos pais serão responsáveis por tudo o que nos ensinarem e por aquilo que levaremos por toda a nossa vida. Por isso, é importante que os pais tenham conhecimento da Palavra e a transmitam da melhor forma possível para seus filhos, pois estes são verdadeiros tesouros que Deus nos empresta e nos concede a guarda. No entanto, temos que ter consciência de que é o Pai quem determina o tempo que pais e filhos ficarão juntos. Os filhos são sementes que o Senhor plantou e nós nos tornamos responsáveis por sua adubação, floração e crescimento.

> *"Se alguém de vós necessita de sabedoria, peça-a a Deus – que a todos dá liberalmente, com simplicidade e sem recriminação – e ser-lhe-á dada."*
>
> *Tiago 1: 5*

É como nos diz o pastor Rick Warren: os que recebem em confiança algo de valor devem demonstrar que são dignos de tal confiança.

E, então, meus caros leitores, o que pensar de tudo isso? Talvez essas situações que vivi não sejam tão frequentes, mas com certeza existem pessoas que vivenciaram fatos semelhantes. A hipótese do aborto, por exemplo, que questão polêmica e difícil, não é? Quantas pessoas, diante de uma gravidez indesejada, acham que essa é a única solução? Quantas não são as mulheres que, sabendo-se grávidas, desejaram isso e hoje se culpam?

Talvez, neste exato momento, você esteja (re) vivendo um momento de sua própria história ou a de alguém que conheça. Saiba que tudo, absolutamente tudo, tem um propósito sob o céu. De nada adianta levarmos uma vida sem termos ao menos um propósito, ou sem conhecermos e exercermos a vontade de Deus.

"Se o homem gerar cem filhos, e viver muitos anos, e os dias dos seus anos forem muitos, e se a sua alma não se fartar do bem, e, além disso, não tiver sepultura, digo que um aborto é melhor do que ele."
Eclesiastes 6:3

O que eu posso recomendar àqueles que se sentem culpados é o seguinte: não, não se culpem por nada. Deixem o julgamento para Deus. Não se deixem entristecer pelo julgamento dos homens, pensem apenas no amor de Deus e na sua infinita misericórdia, no verdadeiro arrependimento. Qualquer hora é tempo para isso. Por que não agora?

Se a passagem de Eclesiastes despertou em você o desejo de se consertar diante de Deus, use este mesmo momento para fazer sua oração profundamente sincera e assim entregar qualquer angústia de seu coração nas mãos dEle. Está escrito na *Bíblia* o seguinte:

"E Jesus, tendo ouvido isto, disse-lhes: Os sãos não necessitam de médico, mas, sim, os que estão doentes; eu não vim chamar os justos, mas, sim, os pecadores ao arrependimento."

Marcos 2:17

Carregue com você, para sempre, esta certeza: é a partir dos nossos erros que seremos aperfeiçoados e disciplinados, para que possamos crescer em imagem e semelhança com Ele.

Primeiros passos

Meus primeiros anos de vida foram cercados de cuidados especiais em função da minha saúde frágil. Com isso, também aprendi a tirar proveito da atenção que recebia da minha família, sobretudo por ser a filha caçula.

Eu e minhas duas irmãs fomos criadas com muita disciplina. Meu pai era um exemplo para mim e acredito ter puxado dele o fato de ser uma multiprofissional. Ele foi gerente de banco, corretor de imóveis, dono de farmácia, publicitário e empresário de grandes circos. Orquestrava as temporadas das melhores trupes pela cidade, como as do Tihany, Orlando Orfei, entre outros. Uma experiência, porém, o marcaria pessoal e profissionalmente: a de ter sido enfermeiro na Segunda Guerra Mundial. Nascido em 1920, paulistano da gema, meu pai viveria esse trecho triste da história.

Se a experiência na guerra o marcou, para nós, suas filhas, foi a época dele como empresário de circo que mais nos deixou lembranças, até porque ele trazia para dentro de casa muito do seu amor pela vida artística. Às vezes, confesso, até de maneira exagerada, porque tínhamos de ir ao circo quase todo final de semana! Já sabíamos de cor as piadas dos palhaços, o movimento dos acrobatas, a fala dos apresentadores... Na época, reclamávamos, mas hoje me lembro de tudo com muito amor.

Nossa educação era extremamente controlada – não podíamos brincar na rua com outras crianças nem fazer algumas atividades corriqueiras e típicas da idade. Ordens do meu pai. Por isso, para nos entreter e nos manter dentro de casa, ele sempre nos dava brinquedos, na maioria das vezes relacionados à música: eram pianinhos, violõezinhos, pandeiros, chocalhos e assim por diante. Isso só poderia despertar em nós o gosto pelas artes.

Começamos a frequentar aulas de balé, piano, violão, enquanto minha mãe nos ensinava a abrir a voz para cantar em um coral. Com todo esse estímulo, aprendemos a gostar de cantar, dançar, recitar. Desenvolvemos grande facilidade com qualquer atividade ligada às artes. Nesse período da nossa infância, houve muitos momentos divertidos e até engraçados.

Minha mãe conta que todas as funcionárias que trabalhavam em nossa casa tinham que aprender a dançar frevo, pois, durante o expediente delas, a Maria Odete, futura Gretchen, sempre virava professora de dança e de balé, e assim colocava todo mundo para se mover. Desse jeito, nossas cuidadoras estavam sempre mais cansadas do que o normal, pois, além de todo o serviço da casa, tinham também que dançar para nos entreter!

Essa experiência gerou a formação do nosso grupo infantil, *As Mirandas*, organizado pela Maria Odete. O grupo era formado por ela, pela nossa irmã Yara, pela Paula, aluna de violão da Maria Odete que acabou tornando-se uma irmã ao longo da vida, e por mim, é claro. Participávamos de vários festivais em colégios, celebrações e de concursos em programas de televisão.

Quando eu estava com 11 anos, fomos ao programa *Show de Calouros*, do Silvio Santos. Lá, cantamos uma música composta pela Yara, e ganhamos o prêmio máximo – 800 cruzeiros e uma bicicleta, que era o sonho de toda criança e na época custava relativamente caro. O melhor de tudo foi a glória da vitória, já que tínhamos sido aprovadas pelos jurados mais severos da TV, entre eles, o José Fernandes e a Aracy de Almeida. De quebra, realizamos o sonho de ter uma bicicleta – ainda que tivéssemos que dividi-la entre quatro meninas!

Depois disso, a Maria Odete resolveu se inscrever novamente em outro concurso que acontecia no mesmo programa, pois Silvio Santos, na época, procurava moças que cantassem e dançassem. Ela participou e foi muito bem-sucedida – logo recebeu um convite para gravar seu disco solo. Então assinou contrato com a gravadora Copacabana, muito bem conceituada na época e que reunia um elenco de grandes artistas e profissionais.

A Copacabana também buscava adolescentes que cantassem e dançassem, e assim ela nos apresentou para eles em 1978. Eu tinha apenas 15 anos. Desde então, tudo mudou em nossas vidas de meninas. Fomos contratadas e, em vez de *As Mirandas*, recebemos o nome profissional de *As Melindrosas*.

Em pouco tempo veio o sucesso. As primeiras aparições na TV e nas rádios foram suficientes para transformar o que era nosso sonho de adolescente em realidade – viramos artistas reconhecidas no país inteiro.

A criação de *As Melindrosas* trouxe para minha vida várias vantagens: sucesso, dinheiro, fama e prosperidade. Tive uma adolescência privilegiada, cercada de fantasias – vivíamos em uma redoma onde tudo era aparentemente perfeito.

Foi a nossa oportunidade de ter e viver situações diferentes da maioria das pessoas, principalmente das meninas da nossa idade, sobretudo em termos materiais. Por outro lado, esse sucesso nos afastou e privou de experiências que poderiam nos fazer agir ou enxergar a vida de outra forma.

Vivíamos uma situação paradoxal, porque ao mesmo tempo em que nos sentíamos superiores às nossas amigas da mesma idade, também nos sentíamos tristes, porque éramos privadas do convívio natural dessa fase, e das coisas mais cotidianas, como festas e passeios com familiares e amigos.

O mundo artístico é cheio de ilusões e nos cega em relação ao convívio com o resto do mundo. Também faz com que as pessoas tenham ideias erradas sobre nós. Cria-se, assim, um distanciamento incrível entre os artistas e os não-artistas, algo imperceptível aos olhos de quem está vivendo dentro desse mundo de ilusão; chegamos inclusive a acreditar que as pessoas sempre iriam nos idolatrar, servir e facilitar nossas vidas.

Hoje, eu sei que as facilidades que a vida de artista traz, assim como a forma de encarar o mundo que incute, nem sempre são benéficas, principalmente quando o sucesso ocorre nas fases iniciais da vida, hora de aprender a se defender para sobreviver. A superproteção dada ao artista tira seus pés do chão e faz com que perca as referências da realidade. Por incrível que possa parecer, todos os mimos e privilégios do mundo não privam ninguém de dores e sofrimentos. Digo por experiência própria.

"Meus irmãos, tende por motivo de toda alegria o passardes por várias provações, sabendo que a provação da vossa fé, uma vez confirmada, produz perseverança."

Tiago 1:2-3

Na época da minha adolescência, quando estávamos em *As Melindrosas*, eu morava com meus pais e minhas irmãs, e estava cheia de questionamentos como qualquer garota da minha idade. Ainda que fora de casa experimentássemos o sucesso da vida artística, dentro de casa os problemas familiares eram preocupantes e só cresciam. Ora eram as constantes brigas conjugais, ora o alcoolismo do meu pai – a desunião tomava conta de todos. Entre as irmãs, vivíamos uma competição desagregadora, nada saudável, principalmente por causa de vaidade, ciúmes, soberba, entre tantos outros sentimentos a que o ser humano está sujeito quando se compara com os outros.

Quem nunca vivenciou uma situação de conflito com irmãos ou alguém da família? Por isso me questiono sempre se, assim como Marta, Maria e Lázaro, na *Bíblia*, essas diferenças, que nos incomodam tanto, não passariam, aos olhos de Deus, de manifestações das distintas personalidades que Ele criou, para cada uma justamente ser usada de diferente maneira.

Minha pergunta tem a ver com a certeza de que nossas vidas são direcionadas a um determinado propósito. Nós precisamos, sim, ser usados, cada qual com seu talento, independentemente do destaque que tenha na sociedade. Desde que estejamos vivendo de acordo com a Palavra de Deus, nossos predicados serão valorizados nas searas para as quais foram designados. Marta foi escolhida para servir. Maria, para louvar. Lázaro, para falar. E você, por que seria menos importante do que eles?

Eu também tenho o meu valor. Todos nós temos. Quer ver só? Observem meu caso. Sou uma das três filhas de uma família de artistas. Todas receberam o dom de cantar, mas cada uma percorreu um caminho diferente. Maria Odete, como Gretchen, fez a carreira dela; eu me tornei a "Rainha dos Caminhoneiros", com meus sucessos sertanejos, tendo, mais tarde, gravado músicas gospel, fora a minha carreira de apresentadora; já a nossa irmã Yara, embora cantasse muito bem e compusesse maravilhosamente, preferiu se dedicar a seu casamento, para só mais tarde ser advogada.

Afastadas de Deus

Precocemente lançadas no meio artístico e sujeitas a todos os atrativos advindos dele, minhas irmãs e eu – justamente por sermos muito jovens – acabamos nos afastando das coisas de Deus, do nosso verdadeiro propósito como essência. À nossa maneira, por outro lado, sempre pensamos estar perto dele.

Desde a infância, estudamos em colégios religiosos e tivemos algum tipo de orientação espiritual. No entanto, cada pessoa acaba por absorver os ensinamentos que recebe da maneira que lhe convém. Cada um é cada um, somos diferentes personalidades criadas por Deus. É por essa razão que, às vezes, nos enganamos e batemos em portas erradas, mesmo estando em busca da Verdade.

Segui minha vida batendo em uma porta diferente a cada momento. Ao longo da juventude, adorei ídolos, participei de vários tipos de cultos, batismos, oferendas, crendices... Hoje, tenho certeza de que essas experiências cooperaram para que eu me distanciasse de Deus, deixando a porta aberta para que o inimigo tirasse proveito e agisse em minha vida, sorrateiramente durante anos, sem que eu me desse conta disso.

"Se deixardes o Senhor e servirdes a deuses estranhos, então, se voltará, e vos fará mal, e vos consumirá, depois de vos ter feito o bem."
Josué 24:20

Certamente, cada etapa que vivi foi válida e útil. Deus permite que sigamos a direção que escolhemos, cabe a nós avaliar o que é melhor. Quando aprendemos a lição que Ele quer ensinar, somos direcionados para percorrer seu caminho.

"O Senhor resgata a alma dos seus servos; nenhum dos que nele confia será condenado."

Salmos 35:22

Durante a infância e a adolescência, apesar dos pesares, acabei aprendendo muito com a instabilidade familiar e com o alcoolismo do meu pai. Foi uma situação delicada, mas ela me ensinou a conviver com meus medos e inseguranças e a superá-los. Tive de encontrar a melhor forma de lidar com a situação.

Nesse aspecto, penso que o dito popular "O show não pode parar" me ajudou bastante, pois, muito jovem, tive de assumir várias responsabilidades e cumprir com muitos compromissos profissionais; não podia desviar o meu foco. Fosse qual fosse a situação, estivesse eu triste ou angustiada, tive de aprender a sorrir e a seguir em frente. Esse foi um dos pontos positivos da profissão de artista. Precisei crescer rapidamente. Tudo o que passei acabou servindo como exemplo do que seria bom para mim e para minha vida.

Dos conflitos conjugais dos meus pais, extraí a lição de que queria construir um lar de verdade, um lar que não aceitaria o alcoolismo, muito menos as disputas – um lar onde as pessoas conviveriam em harmonia. Desde cedo, portanto, consolidei minha convicção de que teria uma família equilibrada. Certamente, para tomar essa decisão, foi importante ter observado o histórico familiar dos meus pais. Na família deles, havia muitos exemplos de casamentos infelizes e pessoas solitárias, isso por várias gerações. Eu não queria o mesmo para mim.

Hoje, acredito que, inconscientemente, com a minha atitude de seguir sempre em frente, a despeito da dor que sentia, acabei expulsando o inimigo da minha vida, ao menos o inimigo na forma do álcool e das drogas. Quanto ao inimigo na forma de discórdia familiar e desunião, eu teria de aprender um pouco mais, pois esse era justamente o meu ponto fraco. O inimigo estaria à espreita nessa área. Devo dizer que bem mais tarde, depois da minha conversão, entendi que as famílias em que as separações conjugais se repetem por gerações carregam o fardo das maldições familiares no mundo espiritual, uma espécie de "herança negativa" que só aprendemos a combater com muita oração e dedicação ao Senhor.

Infelizmente, porém, poucas pessoas despertaram para essa realidade e, por falta de conhecimento espiritual, acabam perpetuando o fracasso conjugal que os próprios pais viveram, justamente por serem filhos de uniões desfeitas. Sem acreditar em mais nada, sem saber como agir, essas pessoas atribuem a si próprias a culpa da separação, muitas vezes resignando-se e deixando de lutar por um relacionamento harmonioso e verdadeiro.

É nessa brecha que começam a se infiltrar em nossas mentes os pensamentos errados, tortuosos e de derrota. É por isso que, quando tomamos consciência deles, temos que ter as armas certas para combatê-los. Quisera eu, já naquela ocasião, quando sofria calada pela minha desagregação familiar, ter tido esse tipo de esclarecimento.

Respeitar as regras

Muito cedo, aprendi a respeitar regras. Apesar das desavenças entre meus pais e as dificuldades por que passamos, eles me criaram com bons princípios de vida e uma boa educação, de respeito às pessoas e aos valores morais.

Creio que essa foi outra grande intervenção de Jesus em minha vida – uma base no seio da família, para que hoje eu soubesse realmente o valor das regras e do respeito, para o futuro da minha própria família.

"A estultícia está ligada ao coração da criança, mas a vara da correção a afugentará dela."
Provérbios 22:15

Na minha infância, tudo o que fazíamos era programado. Analisando hoje o que vivemos, chega a ser divertido. Tínhamos hora marcada para o banho, para o lanche e tudo mais. Éramos obrigadas a comer frutas, como banana e laranja, entre outras. Em cada uma delas, meu pai escrevia nosso nome, para que soubesse quem não havia comido. A Maria Odete era a mais esperta e virava as frutas de que não gostava e escrevia meu nome, que é Suely (sim, Sula é meu apelido desde menina!), ou o nome da Yara, para que ela não precisasse comer. Assim, ela driblava meu pai, e nós nos divertíamos muito.

Hoje, interpreto o controle excessivo dele de forma positiva, pois, ao longo da minha vida, essa disciplina me deu força, coragem, autoestima e muita confiança. Ajudou-me a desenvolver uma personalidade forte, dando-me suporte para cuidar de mim mesma cedo.

Aos 14 anos, eu já era independente financeiramente. Possuía talão de cheques, algo incomum para jovens adolescentes nos anos 1970. A carreira artística realmente me proporcionou ganhos consideráveis, e meus pais souberam administrar. Eles me ensinaram a poupar e a valorizar o dinheiro ganho com o sacrifício do próprio trabalho, conscientizando-me para evitar o desperdício e os excessos.

Por outro lado, dentro de casa enfrentávamos conflitos familiares sérios, incitados pelo ciúme e pela competitividade. Eram sentimentos infiltrados em nossas mentes para criar desavenças e trazer desarmonia familiar.

Do salão da nossa casa de infância e adolescência, onde brincávamos cantando e dançando, de repente estávamos na televisão e nos programas de auditório, fazendo grande sucesso em todo o país. Tudo aconteceu rápido e éramos muito jovens. Embora estivéssemos vivendo um sonho, nenhuma de nós estava preparada para tanta exposição. Saíamos em reportagens das melhores revistas e vendíamos muitos discos. Em determinado momento, no auge do sucesso do nosso grupo, minha irmã mais velha foi convidada a seguir carreira solo, adotando o nome artístico de Gretchen. Isso aconteceu em 1978 e foi fruto e causa de grande mal-estar entre nós, pois talvez realmente não quiséssemos mais a presença dela no grupo. Pouco tempo depois, muito rapidamente ela se destacaria, tornando-se um dos maiores sucessos da década de 1980.

Por ser muito jovem, ela não tinha como compreender todo o impacto daquele sucesso. A fama e o dinheiro imediato afastaram-na do convívio familiar, gerando tristeza em todos nós. O distanciamento custou muito a todos e continua a ressoar até hoje. Ao longo de nossas vidas, fomos perdendo a união e a cumplicidade natural que os irmãos compartilham quando convivem por um grande período de tempo. A intimidade e a amizade foram banidas de nós.

Naquela época, tive outra oportunidade de ter Jesus agindo em minha vida, trazendo-me visão e compreensão, fazendo com que eu tirasse o máximo proveito de tudo, inclusive daquilo que não parecia bom. Procurei outros caminhos, a partir dos exemplos e das dificuldades vividas e, assim, evitei mais conflitos familiares.

Consegui desenvolver uma outra visão da vida, da carreira e da família. Eu não tinha ainda a consciência de que se tratava de mais uma ação de Jesus sobre meu caminho, mas hoje, relatando e observando os fatos com a perspectiva que tenho no presente, percebo que Ele sempre esteve ao meu lado.

Sou muito grata a Deus por ter me colocado na família em que nasci, embora, por diversas vezes, tenha dito que "havia nascido na família errada". Sou grata à minha irmã mais velha, Maria Odete, a Gretchen. As escolhas que ela fez – posar nua, namorar desde cedo e se afastar da família – me mostraram que o caminho da fama pode ser capcioso. Pude então usar as lutas, dores e aprendizados dela como balizas do que não fazer. Maria Odete foi usada pelo Senhor para dar uma nova direção à minha vida.

Novos caminhos

Assim que completei 18 anos, e depois de três anos de muito sucesso pelo país inteiro, resolvi sair do grupo musical *As Melindrosas* e seguir outra direção. Foi a primeira vez que decidi abandonar a carreira artística e investir em minha vida pessoal.

Infelizmente, eu ainda não conhecia Jesus em um nível consciente. Na época, valorizava muito as coisas materiais e me preocupava com o que os outros pensariam de mim. Faltava-me maturidade para tomar decisões e assumir certas posturas. Havia pelo menos dois anos que eu vivia com meu pai, que, esporadicamente, bebia muito, o que de certa maneira me deixava bastante insegura.

Minha mãe havia se separado dele, deixando a nossa casa quando eu tinha 16 anos de idade. Sofri muito, pois não entendia a atitude dela. Além disso, eu tinha enorme apego e admiração pelo meu pai. Hoje sei como a ignorância das coisas de Deus e a falta de compaixão impede a nossa compreensão de tudo.

Tenho atualmente um entendimento maior e louvo a Deus pelas situações difíceis pelas quais passei, pois tirei delas as lições que serviram para o meu crescimento.

> *"Nossos sofrimentos momentâneos produzem para nós uma glória eterna que pesa mais do que eles."*
> *Rick Warren*

"Porque, no meio de muitos sofrimentos e angústias de coração, vos escrevi com muitas lágrimas, não para que ficásseis entristecidos, mas para que conhecêsseis o amor que vos consagro em grande medida."

2 Coríntios 2:4

Revisitar o passado com os olhos do presente costuma ser interessante para compreender muita coisa. É por essa razão que faço a você uma pergunta simples, mas que pode ser muito útil: a infância e a adolescência lhe deixaram marcas? Hoje você ainda carrega traumas e tristezas daquela fase da vida?

A verdade é que somos como somos. Digo isso porque afinidade não é algo que compartilhamos com todas as pessoas, daí o desafio de aprender a lidar com as diferenças. Diariamente são colocadas diante de nós situações que envolvem essas diferenças, em que as pessoas assumem posturas com as quais não concordamos. Essas ocasiões, no fundo, são oportunidades para que possamos trabalhar o que nos é ensinado por um dos mais importantes mandamentos.

"Amarás, pois, ao Senhor teu Deus de todo o teu coração, e de toda a tua alma, e de todo o teu entendimento, e de todas as tuas forças; este é o primeiro mandamento. E o segundo, semelhante a este, é: Amarás o teu próximo como a ti mesmo. Não há outro mandamento maior do que estes."
Marcos 12:30-31

Não carregue uma mochila cheia de pedras por toda sua vida! As dores, as mágoas do passado, as tristezas, as desavenças e as desilusões vivenciadas em qualquer período de nossas vidas precisam ser deixadas para trás. Não conseguiremos caminhar com agilidade se carregarmos muito peso. Por mais que tenhamos vivido situações traumatizantes, o que nos é ensinado é que podemos ser livres a qualquer tempo. O passado, pelo contrário, nos aprisiona. Ideal é lembrarmos só dos momentos bons que ele nos proporcionou.

Quando conseguimos mudar nossos pensamentos e atitudes em relação aos traumas vividos e passamos a enxergar o que passou como um exercício de aperfeiçoamento do nosso caráter, tudo fica mais leve. Essa constatação é parte importante deste meu testemunho.

Reconhecendo o dom de Deus

Dos 18 aos 23 anos, passei por um período muito difícil. Foram tempos de decepção amorosa e dificuldades financeiras; digamos que paguei o preço por ter me precipitado em me afastar do propósito de Deus – o dom de cantar. Achei que podia rejeitá-lo, mas só depois me dei conta de que não era bem assim.

Concluí minha formação em Educação Artística, mas não exerci a profissão. Para conseguir contornar as dificuldades por que passei naquele período, precisei manter três empregos para sobreviver. Situação irônica para quem aos 14 anos começara a fazer sua poupança com o dinheiro do próprio trabalho, algo que meus pais me ensinaram e incentivaram logo cedo. Graças a Deus, nesta fase difícil, continuei a ter o apoio dos meus pais que, mesmo vivendo separados, ajudaram-me muito na ocasião.

Perdi meus bens materiais porque confiei em pessoas que não foram totalmente corretas comigo. Casei aos 18 anos de idade e acreditei que, ao me dedicar exclusivamente ao meu marido, seria cuidada, amada e protegida, o que não aconteceu. Parte da minha poupança, depois que comprei o apartamento em que fui morar ele, acabei entregando a familiares dele para que aplicassem o dinheiro no mercado financeiro – só que o dinheiro nunca voltou para mim. Pior foi não ter tido a proteção que eu sonhara, pois ninguém saiu em minha defesa. Resultado: além de perder bens materiais, desabaram também importantes castelos que eu construíra para minha vida.

Eu tinha casado virgem – acreditava e ainda acredito na importância de se resguardar para o casamento. Achava que meu sonho de Cinderela duraria para sempre. Hoje, sei que esses sonhos desabaram porque foram construídos sobre areia.

Após a separação, percebi, num ímpeto, que precisava retomar minhas atividades artísticas, pois era um desejo forte em meu coração. Na verdade, já era a vontade de Deus, pois é Ele quem põe em nós o querer. Precisamos nos dar conta do talento que o Senhor nos concede e entender em que área Ele quer que atuemos. Naquela época, eu não tinha a compreensão de que usar meus dotes artísticos e construir uma profissão me valendo deles era a vontade de Deus. Hoje, tenho certeza de que foi o Espírito Santo que me deu a direção para voltar a cantar. É uma pena que eu não tenha tido, na ocasião, a sabedoria de usar meu dom para a glória do Senhor. Hoje, entendo que essa também foi uma fase de preparação para que eu conseguisse chegar ao que sou.

Foi assim que, trabalhando em um emprego modesto, tive a visão e a oportunidade de dar início à minha carreira solo. Eu trabalhava em uma joalheria, a Relojoaria Suíça, na Avenida Rangel Pestana, no bairro do Brás, em São Paulo. A loja era famosa na época por fazer promoções diárias com artistas. Como ex-*Melindrosa*, fui contratada inicialmente por um mês, como "artista de plantão". Quem me indicou na época foi o radialista Eli Corrêa, com quem eu havia feito pequenas apresentações em circos. O trabalho consistia em recepcionar os clientes e dar autógrafos, além de participar de fotos para o material promocional da joalheria.

Logo que comecei lá, o proprietário, com cuja família mantenho contato até hoje, perguntou-me sobre meu projeto como cantora. Mencionei meu sonho de gravar músicas sertanejas, mas não tinha nada de concreto ainda. Minha única certeza era a necessidade do emprego, por isso me esmerei em criar promoções e ajudar no crescimento das vendas. Mas ele insistiu, até porque precisava mandar fazer o material de divulgação da loja, e então perguntou qual era meu nome artístico. Sem saber, naquela hora, eu profetizei sobre minha vida e respondi: Sula Miranda.

Meu nome de batismo é Suely, como já revelei antes, e Sula sempre foi meu apelido em casa. Então, naquele momento, acabei juntando meu apelido e meu sobrenome, e assim nasceu o meu nome artístico.

Por causa da minha disciplina, dedicação e vontade de acertar, em vez de um mês, acabei trabalhando na Relojoaria Suíça por três anos consecutivos. Ainda não era a hora de eu alcançar meus objetivos na carreira de cantora. Envolvi-me com as promoções, que fizeram sucesso, e aprendi muito sobre esse segmento de mercado. Agora entendo completamente o ditado popular que diz: "Não cai uma folha de uma árvore que não seja do conhecimento e da vontade de Deus".

Não costumamos entender as situações que vivenciamos, mas creia que tudo realmente é arquitetado por Deus. Eu não entendia na época o que tinha ido fazer no ramo de joias, mas o Senhor sabia que um dia eu precisaria me lembrar daquele capítulo da minha vida e usar o que aprendi ali para poder glorificar o nome Dele.

Esse momento chegou quando lancei minha linha de joias cristãs para o mercado gospel, o que aconteceu alguns anos atrás. Pude então entender por que percorremos determinados caminhos que, na nossa ignorância, pensamos ser desnecessários, mas que, na sabedoria divina, são as gotas de orvalho que adubam a semente do propósito que Deus tem para cada um de nós.

Mencionei anteriormente que tive três empregos para me sustentar. Um deles foi na Relojoaria Suíça. Os outros dois foram como cantora, mas ainda sem visibilidade: cantava no programa de competição musical *Qual é a Música*, do SBT, ao lado de Djalma Lúcio e Roney; e fui *backing vocal* na casa de shows *Palladium*. Foi um tempo de muita luta.

Digo isso porque, de certa maneira, eu praticamente peregrinava por gravadoras, batendo em várias portas, pois queria muito construir minha carreira artística. A vontade de seguir meu caminho como artista era grande. Assim perseverei até conseguir uma nova chance. Quando, mesmo sem saber, menosprezamos o verdadeiro dom que Deus nos dá, é preciso lutar muito para voltar ao caminho certo.

Mais uma vez, Deus se fez presente, encorajando-me a seguir em frente. Eu vivia então uma grande desilusão amorosa e me lembro da minha mãe me dizendo: "Mais tem Deus para te dar, minha filha". Vejo hoje que, naquele momento, ela profetizou a vitória em minha vida.

"Ninguém te poderá resistir, todos os dias da tua vida... Como fui com Moisés, assim serei contigo, não te deixarei, nem

te desampararei. Esforça-te, e tem bom ânimo, porque tu farás este povo herdar a terra que jurei a seus pais lhes daria."

Josué 1:5-6

Eu queria de novo tudo o que vivera antes. Sucesso, fama e dinheiro. Precisava recomeçar no que eu sabia fazer: ser artista. Acreditei que podia dar a volta por cima e mudar minha situação e realmente mudei. Todas as pessoas podem mudar sua realidade por meio de seus pensamentos e, assim, construir algo melhor. Muitos incrédulos conseguem sucesso e prosperidade usando apenas o poder de projetar seu futuro, só que aí pode residir o grande erro, pois eles se esquecem de algo fundamental: quem lhes dá esse dom é Deus.

"E Jesus disse-lhe: Se tu podes crer, tudo é possível ao que crê."

Marcos 9:23

Acreditei muito em meu potencial, em minha força – e realmente venci, mas lamento não ter tido conhecimento para honrar a Deus naquela fase da minha vida.

Em 1986, eu finalmente gravei meu primeiro disco solo e, em poucos meses, virei sucesso nacional, reconhecida como Sula Miranda, a "Rainha dos Caminhoneiros". Muitas portas se abriram para mim, e vieram a fama, o sucesso e o dinheiro.

Eu não atribuía o meu sucesso totalmente ao Senhor. Acreditava que Ele havia me guiado e me proporcionado o triunfo, mas também acreditava que mais de 50% daquilo tudo eu devia a mim mesma. Isso realmente não é errado. Para Deus agir, precisamos fazer nossa parte, porém é necessário vigiar para que nossa vaidade não se sobreponha.

Meu ego crescia e eu me sentia muito poderosa. Acreditava que tudo o que eu quisesse conquistar eu alcançaria. De fato, consegui, só não sabia que as coisas alcançadas e atribuídas à força do meu próprio trabalho não se estabeleceriam em minha vida. O que não é reconhecido, dizimado e ofertado acaba sendo construído sobre uma base instável, de areia, a qual, em determinado momento, se desfaz.

"Trazei todos os dízimos à casa do Tesouro, para que haja mantimento na minha casa; e provai-me nisto, diz o Senhor dos Exércitos, se eu não vos abrir as janelas do céu e não derramar sobre vós bênção sem medida.

Por vossa causa, repreenderei o devorador, para que não vos consuma o fruto da terra; a vossa vide no campo não será estéril, diz o Senhor dos Exércitos."

Malaquias 3: 10-11

Durante os meus primeiros 15 anos de sucesso como Sula Miranda, tudo foi muito bom, financeira e pessoalmente falando. Pude satisfazer minhas vaidades, mas reconheço hoje que não tinha a felicidade completa, pois sentia falta de algo e não sabia o que era.

A verdade é que alcancei rapidamente meu objetivo profissional. Fazia quase 25 shows por mês, vivia o sucesso da minha carreira musical, tinha vantagens financeiras que me proporcionavam viver bem, mas não tinha constituído ainda um núcleo familiar. Eu não tinha paz interior, porque, no fundo, era muito solitária, mesmo rodeada de gente. Apesar da prosperidade financeira, não conseguia me sentir satisfeita. Queria sempre mais. Não que eu ache errado alguém querer subir um degrau acima em sua trajetória, pois a Palavra diz que Deus tem bênçãos sem medida para todos nós. Hoje, no entanto, entendo que a maneira e o objetivo daquele "querer mais" é que estavam errados. Queria mais apenas para satisfazer minhas vaidades e alimentar o meu ego.

O mundo artístico, como todos sabem, vive disso. Vive da idolatria às pessoas, da competição, do orgulho próprio e, infelizmente, da soberba que nos afasta totalmente das coisas de Deus, fazendo-nos esquecer de atribuir todas as nossas vitórias a Ele. Você já se sentiu muito poderoso(a), senhor(a) de tudo e de todos? Caso sim, o que realmente sentia lá no fundo? Por acaso o orgulho fez com que não se desse conta de que tudo era apenas vaidade?

Esses sentimentos estão na vida de todos nós. Não foi diferente também com nossos amigos da *Bíblia*. Basta pensar em como Davi chegou à traição. Traiu a si próprio, deixou-se seduzir pelo poder, pelo desejo carnal e sexual. Mandou matar, adulterou e, mesmo assim, teve sua história eternizada.

Cada vez mais, vamos encontrando semelhanças entre as histórias narradas na *Bíblia* e nossas próprias histórias. Somos todos filhos que erram, mas, quando enfim tomamos consciência de que nossos erros aborreceram nosso Pai, podemos nos redimir perante Ele, e assim tomar um novo rumo. Não que isso vá nos isentar totalmente de nossas culpas. Vamos sempre pagar o preço pelo que fizermos no devido tempo. Só que o reconhecimento e o arrependimento pelas atitudes impensadas nos trarão também uma recompensa. O verdadeiro arrependimento nos liberta. Faz de nós pessoas melhores.

É gratificante ver nosso trabalho e nossos talentos reconhecidos, mas quando estamos em comunhão com o verdadeiro sentido das coisas de Deus, percebemos que os dons que foram entregues a nós, se forem usados com sabedoria, nos darão ainda mais prazer do que a glória que as pessoas nos atribuem.

Nestes anos de estudo da *Bíblia*, desde quando me converti e passei a conhecer e aprender mais sobre a Palavra de Deus – algo que vivenciei depois de ter optado ficar fora da mídia por alguns anos –, pude perceber a diferença entre a glória para satisfazer minhas vaidades e a glória por cumprir os planos de Deus. Hoje, minhas conquistas podem ser vistas como parte da obra que Deus vem fazendo. Hoje, sou instrumento do Senhor para, com minhas experiências, transformar vidas.

Vamos lá. Reconheça suas fraquezas. Isso é muito bom. É a oportunidade de apagar o erro, passar a borracha e escrever um novo capítulo em sua vida. Faça uma oração para isso. Peça apenas misericórdia. Isso trará um alívio imediato. A correção se faz quando reconhecemos o erro.

Se você se desviou daquilo que Deus reservou para você, ou usou esse talento de forma errada, ainda é tempo: poderá usá-lo para glorificar a Deus. Coloque-se à disposição e Ele indicará o caminho.

Lidando com as perdas

Durante a vida, várias situações nos levam a mudar de comportamento e até questionar princípios que carregamos desde a infância. Por causa de compromissos e atribulações, me envolvi em um redemoinho de sentimentos e, sem perceber, me afastei de tudo e de todos que verdadeiramente amava e que me amavam.

Isso aconteceu durante muitos anos, quando várias pessoas se aproximaram de mim para tirar proveito do meu sucesso. Muitas vezes, é verdade, cheguei a dar ouvidos a elas e me afastar de familiares e pessoas que poderiam ter me auxiliado sem segundas intenções. Foi quando deixei de dar a devida importância aos valores que fariam grande diferença em minha vida.

Sem total discernimento, pensei apenas no que era melhor para mim. Eu realmente estava embevecida pelo sucesso e pelas facilidades que me trazia. Assim, ao contrário do certo a fazer, não me preocupei com meus semelhantes. Hoje, sei que precisamos ter consciência de que aquilo que não é bom para nossas vidas, tampouco será bom para a vida do próximo.

"Vós, irmãos, fostes chamados à liberdade. Não useis, porém, a liberdade para dar ocasião à carne, mas servi-vos uns aos outros pelo amor. Toda lei se cumpre numa só palavra, a saber: Amarás ao teu próximo como a ti mesmo."

Gálatas 5: 13-14

Quando eu estava no auge do sucesso, vivi uma grande perda. A pessoa que eu havia escolhido como companheiro suicidou-se após um ano de relacionamento. Eu tinha apenas 26 anos de idade e foi um baque tão grande que cheguei a pensar que Deus havia se afastado ou mesmo me abandonado.

> *Mas se me adianto, ali não está; se torno para trás, não o percebo. Se opera à esquerda, não o vejo; encobre-se à direita, e não o diviso. Mas ele conhece o meu caminho; se ele me provasse, eu sairia como o ouro."*
>
> *Jó 23:8-10*

Precisamos entender que nossa vida é consequência de nossas atitudes e comportamentos. É claro que, principalmente quando jovens, não temos conhecimento e sabedoria para fazer disso uma regra em todas as situações.

O meu relacionamento amoroso começou de forma errada. Meu companheiro Flávio tinha se separado, destruído uma família para construir um relacionamento comigo. Eu o conheci quando ele entrou na minha equipe como divulgador. Naquela época, ele apenas namorava e eu não tinha olhos para ninguém, vivia para o meu trabalho, passava quase todos os dias ocupada com shows, viajando muito, fora as apresentações em TV e as gravações. Eu vivia o sonho do sucesso que tanto desejara e a isso me dedicava intensamente.

Fomos nos envolver três anos depois de nos conhecermos e trabalharmos juntos quase que diariamente. Eu estava cansada de estar sozinha, porque o sucesso, ao mesmo tempo que desperta a admiração por nós, os artistas, também afasta as pessoas da gente, pois acreditam que somos inacessíveis. No caso de uma artista mulher, naquela época isso era ainda mais acentuado.

Nossa aproximação ocorreu dentro desse contexto, éramos os dois do meio artístico. Ele já estava casado e era pai de uma filha. Nosso relacionamento acabou motivando a separação dele. Por isso, hoje, creio ser fundamental que as pessoas conheçam a Palavra o mais cedo possível, pois deslizes assim podem ser evitados quando se é conhecedor dela.

Nosso relacionamento foi muito feliz por cerca de um ano. Vivíamos um momento especial:

éramos jovens, bonitos, promissores e felizes. Não havia por que Flávio fazer o que fez e sair da minha vida de uma forma tão trágica. Ele tirou a própria vida no dia 31 de Julho de 1990. Durante o dia, tínhamos recebido jornalistas e fotógrafos de uma revista. Havíamos bebido e comemorado juntos e, à noite, quando estávamos sozinhos, ele começou a ter um comportamento inconveniente.

Flávio tinha ímpetos de imaturidade e, de repente, pegou a arma que comprara semanas antes e começou a manuseá-la, falando despropósitos. Ele estava alcoolizado. Naquele momento, telefonei para a mãe dele, que pediu para falar com ele e lhe chamou a atenção. Então fui dormir. Passados alguns minutos, ouvi o tiro e corri para a sala, onde ele estava. Ao encontrá-lo com a cabeça recostada no sofá, os braços largados e as pernas cruzadas, achei que estava brincando. Uma brincadeira de mau gosto. Quando o vi imóvel, cheguei inclusive a fazer respiração boca a boca. Eu não tinha percebido o tiro em sua cabeça.

Os peritos me disseram depois que talvez a arma tivesse disparado sem querer, por um descuido. Flávio ficaria na UTI alguns dias e morreria logo depois. Imaginem o golpe de tudo aquilo para mim. Eu não podia acreditar.

No momento em que estamos passando por uma grande tribulação, como aconteceu comigo naquela ocasião, só conseguimos nos perguntar: "Onde está Deus?". Achamos que fomos deixados de lado ou esquecidos. Na maioria das vezes, contudo, estamos apenas vivendo as consequências de atitudes e comportamentos inadequados.

A verdade é que Deus nunca nos deixa de lado. Nós é que nos afastamos. Ele apenas permite que aconteça o que precisa acontecer, "dando um tempo", nos testando para que possamos amadurecer com tudo o que vivenciamos.

Hoje, entendo que aquela lição foi a prova de que não devemos pensar que podemos construir felicidade sem a direção e a aprovação de Deus. Vale lembrar a citação em Romanos 6:23: "O preço do pecado é a morte". Houve situações na minha vida em que vários pontos estavam em desacordo com a vontade do Pai.

> *"Deus reconhece que algumas vezes esconde a sua face de nós. Trata-se de uma parte normal da provação e amadurecimento de sua amizade com Deus."*
>
> *Rick Warren*

Essa perda fez com que eu buscasse respostas, mas como eu não tinha o conhecimento verdadeiro da Palavra de Deus, apenas perguntava: Por que eu? Por que desta forma? Por que neste momento da minha vida? O que eu fiz para merecer isso? Eu sou uma boa pessoa, não faço mal a ninguém – e daí por diante.

As lições da vida são únicas e às vezes o mesmo episódio tem valores diferentes para pessoas diferentes. Hoje em dia, aprendi que deveria ter perguntado a Deus "para quê?", em vez de "por quê?". O grande aprendizado disso tudo, algo que eu já deveria ter absorvido, uma vez que até existe um ditado popular afim, embora eu me baseie pelo que está escrito nas Escrituras, é o seguinte: "Colhemos o que plantamos".

"Não vos enganeis: de Deus não se zomba, pois aquilo que o homem semear isso também ceifará."
Gálatas 6. 7-10

Aquele foi um período muito duro e marcante. Fui humilhada e julgada pelas pessoas e, como tinha grande destaque na mídia, senti-me invadida, desprotegida e solitária. Muitos ditos "amigos" se afastaram de mim.

Muitas vezes, achamos que o que julgamos ser correto também é correto para Deus, mas não é bem assim. Precisamos nos aprofundar nos ensinamentos e viver em obediência em relação à Palavra.

"Pois a palavra de Deus é viva e eficaz, e mais cortante do que qualquer espada de dois gumes, e penetra até o ponto de dividir alma e espírito, juntas e medulas, e é apta para discernir os pensamentos e intenções do coração."

Hebreus 4:12

Não podemos esconder nossos sentimentos e pensamentos de Deus. Não devemos criar nossos próprios mandamentos e viver de acordo com o que acreditamos ser certo. Se agirmos assim, arcaremos com todas as consequências do que fazemos, mesmo quando ignoramos o que é certo ou errado perante Deus.

Para que haja justiça verdadeira, temos que ser purificados dos atos e erros que cometemos, e isso, na maioria das vezes, causa dor. No entanto, um pai que ama verdadeiramente precisa corrigir o filho. A *Bíblia* é o manual do ser humano e nela estão escritas todas as instruções para vivermos honestamente da forma que Deus quer, fazendo a vontade dEle.

Criar regras que nos satisfaçam, acreditando que também agradam a Deus, é o maior dos enganos. Devemos sempre nos avaliar, para não cometermos esse erro repetidas vezes ao longo de nossas vidas.

A volta por cima

Depois da tragédia que vivi em minha vida sentimental, procurei recomeçar mais uma vez, pois o episódio abalara minha carreira. Com a ajuda de amigos e bons profissionais que acreditavam em mim como pessoa e artista, fui me refazendo.

O ano seguinte, 1991, teve grandes vitórias. Ganhei o prêmio de melhor cantora sertaneja, investi em um projeto para apresentar um programa sertanejo e conquistei um espaço na televisão. Deus permanecia ao meu lado, firme, mesmo que às vezes eu duvidasse disso.

Aumentei minha popularidade e abri novas frentes. Lancei uma grife com produtos da marca Sula Miranda e franqueei lojas por todo país. Foi um período muito próspero, em que pude estabilizar minha vida financeira.

Nessa época, tive grande projeção na mídia. Por um lado, foi bom; por outro, fiquei muito visada, o que deu oportunidade para o inimigo agir. Estar na mídia com frequência torna você uma pessoa muito invejada e, se você não estiver suficientemente forte em termos espirituais, o mal, com certeza, prevalecerá. Foi o que aconteceu comigo. Mais uma vez.

Ascensão e queda na TV

E o cortador se fez presente em minha vida. No auge do sucesso, desta vez também como apresentadora de TV, fui vítima de um grande boato. A mídia noticiou equivocadamente que eu seria o pivô da separação de Silvio Santos e sua esposa. Tratava-se de uma situação constrangedora, da qual eu não tive como me defender.

Esperei em vão, ao longo de um ano, por uma resposta do SBT para a proposta que havia feito de apresentar um programa sertanejo na emissora, mas só quando outro canal de TV se interessou por mim é que SBT decidiu se posicionar e resolveu me chamar. Já no ar, eu alcançava bons índices de audiência, estava feliz e tudo ia muito bem. Até surgir o boato.

Ainda hoje não sabemos quem o plantou, mas o casamento de Silvio Santos passava por uma crise e decididamente eu não era o motivo. Só ele e a esposa sabem a verdade, e, infelizmente, o boato teve sérias consequências em minha vida. Resultado: meu programa foi encerrado com apenas seis meses.

Na maioria das vezes, as pessoas agem por hábito e preconceito, julgam que o sucesso de uma mulher no meio artístico, em curto espaço de tempo, ainda mais se ela for muito jovem, é fruto do uso indevido de sua beleza e juventude. Essas pessoas, no meu caso, esqueceram-se rapidamente de todo o meu trabalho anterior, da luta e do investimento financeiro, às vezes do meu próprio bolso, para que eu conseguisse chegar aonde cheguei. E assim eu perdi meu programa de TV, algo que havia conquistado com muito sacrifício e, o pior de tudo, sem ser ouvida pelas pessoas e pela mídia.

Devo dizer que conheci o Silvio Santos ainda menina, quando eu, minhas irmãs e uma amiga estivemos em seu programa e ganhamos um prêmio em dinheiro e uma bicicleta, como já contei. Depois voltamos como *As Melindrosas* várias vezes e, mais tarde, eu seria funcionária do SBT, como parte da equipe do *Qual é a música*. Por ironia, um dos conselhos mais importantes que ouvi em minha carreira artística, quando a iniciei, foi justamente ele quem me deu, algo que tomei como uma referência.

Eu tinha 18 anos, quando ele se aproximou de mim e disse: "Nunca diga não para um homem". Imaginem a cara que eu fiz ao ouvir aquilo. Vendo minha feição assustada, ele complementou a frase: "Isso não quer dizer que você tenha que dizer sim. Porque quando você diz não, você fere o orgulho de um homem. Se você não diz nem sim nem não, ele vai entender, com a sua postura, que você não quer nada e vai te respeitar para sempre". Ou seja, ele me deu o maior ensinamento da minha carreira, um conselho que virou um lema. Assim, eu nunca disse um não e tampouco precisei dizer um sim. Até hoje, Silvio Santos é uma referência para mim, que tive o privilégio de trabalhar e aprender tanto com ele.

Ao perder meu programa, precisei reunir forças, pois fui julgada por coisas que não fiz, por situações que não vivenciei.

"Não julgueis, para que não sejais julgados. Pois, com o critério com que julgardes sereis julgados; e, com a medida com que tiverdes medido, vos medirão também."
Mateus 7: 1-2

(RE)COMEÇANDO NA TELEVISÃO

Hoje, vejo como Deus foi fiel e honrou meu bom caráter e conduta, pois, tempos depois, consegui uma nova oportunidade e voltei à TV com um ótimo programa, em horário nobre, e pude ter a minha competência reconhecida. Isso me fortaleceu para continuar minha trajetória como apresentadora, ano após ano, conquistando respeito e credibilidade. Nunca deixei de ser bem recebida no SBT e o tempo se encarregou de mostrar a verdade. Anos depois do boato, tive contato com a esposa do Silvio Santos, Íris Abravanel, e fui muito bem tratada por ela. Então eu pergunto: Será que se eu tivesse culpa de alguma coisa, seria assim? Ainda assim, sofri as consequências na época. O meu contrato era de um ano e fiquei só seis meses. Por outro lado, o programa fez muito sucesso e acabou abrindo as portas de outras emissoras para mim.

Ao ler 2 Coríntios, podemos nos identificar quando passamos por tribulações como as que relatei neste capítulo.

"Porque, como as aflições de Cristo transbordam para conosco, assim também por meio de Cristo transborda a nossa consolação. Mas, se somos atribulados, é para vossa consolação e salvação; ou, se somos consolados, para vossa consolação é a qual se opera suportando com paciência as mesmas aflições que nós também padecemos; e a nossa esperança acerca de vós é firme, sabendo que, como sois participantes das aflições, assim o sereis também da consolação. Porque não queremos, irmãos, que ignoreis a tribulação que nos sobreveio na Ásia, pois que fomos sobremaneira oprimidos acima das nossas forças, de modo tal que até da vida desesperamos."

2 Coríntios 1:5-8

Mais uma vez, podemos nos ver em nosso cotidiano vivenciando situações muito semelhantes e próximas das que foram vividas pelas pessoas da *Bíblia*. Isso nos faz crer que lá estão histórias verdadeiras, incluindo todas as dificuldades narradas, que nos dão a força necessária para enfrentar nossos problemas e seguir em frente.

Na maioria das vezes, as tribulações por que passamos são consequências de escolhas erradas que fizemos anteriormente, mas, diante da misericórdia de Deus, podemos ter uma nova chance e aprender a agir da maneira correta, sendo purificados ao sairmos mais fortes de uma situação difícil.

Esther, por exemplo, foi colocada em uma situação-limite. Ao tornar-se esposa do rei persa Xerxes, ela sabia que só poderia apresentar-se a ele quando fosse chamada. No entanto, ao perceber que havia uma manobra política para assassinar todos os judeus (ela era judia), Esther precisou sair de sua zona de conforto e colocar a vida em risco para salvar a si e ao seu povo. Ela teve a coragem de apresentar-se ao rei e pedir que poupasse os judeus. E você? Já se sentiu assim? Precisou tomar decisões que poderiam colocá-la(o) em risco, mas que beneficiaram não só a você, mas a sua família e a quem mais estava em volta?

Você passou por humilhações, dificuldades e inseguranças que lhe fizeram pensar que não haveria solução? Então saiba que está no caminho certo. Deus opera e permite esses acontecimentos difíceis em nossas vidas com a finalidade de nos lapidar para atingir uma fé inteligente e um coração puro. Só alcançaremos isso caminhando pela estrada da tribulação, caminho que produzirá esperança e fortalecimento na fé, até chegarmos ao caminho das bênçãos.

Se em algum estágio de sua vida houve um deslize, uma escolha errada, isso não é o fim. Pelo contrário, pode ser o começo de uma nova vida, pois, no momento em que você conseguir enxergar o erro e tomar a atitude de mudar o caminho, tenha certeza de que grandes coisas acontecerão.

Esse não é um movimento que acontece do dia para a noite. A decisão de mudar pode acontecer em menos de um segundo, mas a mudança em si será progressiva, o que é essencial para que você se habitue a conviver com o novo ser que verá diante do espelho.

Tenha certeza de que o Espírito de Deus cuidará dos mínimos detalhes e lapidará o que for preciso. Hoje, você pode se ver em um tom escuro como o do carvão, porém, o que verá depois que se permitir ser moldado(a), será o brilho de um diamante.

Período de bonança e aprendizado com a maternidade

Os anos que se seguiram foram, de certa forma, tranquilos, um período que eu poderia chamar de estável. Por volta de 1996, minha carreira de cantora caminhava paralelamente à de apresentadora, e isso também gerava frutos em minha atuação como empresária, por meio de negócios e campanhas publicitárias. Minha vida amorosa, por sua vez, seguia sem grandes novidades – a prioridade voltara a ser a carreira. Porém, mesmo com essa aparente estabilidade, no fundo eu buscava algo mais. Na intimidade do dia a dia, eu era uma pessoa triste, ainda que aparentasse o contrário.

Houve um período em minha vida, bem antes do meu encontro com Jesus, que eu me encontrava tão triste que até cheguei a acreditar que não tinha mais direito à felicidade e a uma família. O inimigo sempre se encarregava de plantar esse pensamento em minha mente, e eu, por falta de entendimento das coisas espirituais, acabava acreditando.

Vivia de aparências, mostrando-me publicamente através de uma imagem boa, tentando vender minha prosperidade com a aparente felicidade. Foi uma fase muito vazia. Meus amigos não eram verdadeiros, e os bens materiais e o sucesso simplesmente não me satisfaziam. Cheguei a achar que atingir estabilidade profissional e financeira supriria o lado emocional, mas era tudo superficial. No entanto, usei essa estabilidade aparente para me permitir sonhar novamente e redirecionar minha vida.

Quando fui apresentar meu programa musical na Rede Manchete de Televisão, conheci o superintendente artístico Osmar Gonçalves, que me contratou, e, meses depois, iniciei um relacionamento com ele. Ao contrário do que todos pensam, faço questão de enfatizar que foi o programa que me deu um marido, e não o marido que me deu um programa! Aliás, eu mesma produzia e bancava o programa, como sempre fiz.

Ao nos aproximarmos, surgiu uma nova chance de eu realizar o sonho tão acalentado de ter minha família. Assim, em 1998, aos 35 anos, fui grandiosamente abençoada com o nascimento do meu filho Natan, cujo nome significa "presente de Deus". Este foi o grande saldo positivo da minha vida – ter me tornado mãe.

Penso que naquela ocasião eu deveria ter começado a perceber que precisamos organizar nossas prioridades em uma ordem certa... Mas qual é essa ordem, afinal? *Amar a Deus sobre todas as coisas*. Isso implica amar realmente, amar a Deus em primeiro lugar, antes mesmo do próprio marido, filho, trabalho, carreira, dinheiro etc. Muitas pessoas perdem o que amam porque não têm Deus como prioridade.

"Buscai, pois, em primeiro lugar, o seu reino e a sua justiça, e todas estas coisas vos serão acrescentadas."
Mateus 6:33

Por isso, avalie e observe se você coloca Deus antes de tudo em sua vida. Pergunte a si mesmo: O que faço primeiro? Ao acordar, louvo a Deus pelas bênçãos recebidas ou preparo o café da manhã? Falo com meu marido ou esposa, beijo meus filhos etc.?

Quando falo de prioridades, penso que, em cada situação de nossas vidas, se estivermos realmente preocupados em fazer a vontade de Deus e pedirmos direção ao Espírito Santo para tudo que fizermos, saberemos como agir.

Sendo Deus a maior prioridade, Ele mesmo guiará você na condução do dia a dia. Haverá muitas lutas, mas você sempre terá forças e coragem para superá-las. O fardo ficará mais leve, pois você terá Deus o tempo todo como um aliado.

Quando Deus me concedeu a vida de um filho, entendi que tudo que viesse a fazer a partir dali, teria de considerá-lo também. A maternidade nos dá uma nova visão das coisas, pois não podemos nos arriscar tanto e precisamos preservar ao máximo a vida desse ser que Deus nos conferiu a guarda aqui na Terra. Precisei entender melhor e começar a aplicar o mandamento que diz "amar ao próximo como a ti mesmo".

"Portanto, tudo o que vós quereis que os homens vos façam, fazei-lho também vós, porque esta é a lei e os profetas."
Mateus 7: 12

Quão complexo pode ser tudo isso! Tenho me cobrado muito ultimamente, pois venho observando o quanto me dediquei aos outros durante toda a minha vida, e agora cheguei à conclusão de que foi muito pouco.

Percebo a cada dia que precisamos ter um comprometimento maior e uma visão real do que é amar ao próximo. Isso implica dedicar mais tempo, preocupar-se verdadeiramente com o bem-estar do nosso semelhante. Também implica cultivar em nós o desprendimento em relação a nossas vontades e, principalmente, ter prazer em fazer isso. Devemos agir de todo coração, com amor incondicional. Deus é tão maravilhoso que nos coloca diariamente diante de pequenos desafios, para que tenhamos assim o nosso maior aprendizado.

Por eu ter sido a filhinha caçula, ter tido o sucesso que tive precocemente, e por tantas outras situações, acredito que sempre fui uma pessoa bastante privilegiada. Eu não precisava fazer muito, fui paparicada e sempre tive tudo à mão. Quer dizer, apenas durante o período de sucesso em minha carreira artística.

Acredito que esses fatores e a sequência dos acontecimentos ao longo dos anos retardaram o momento da maternidade em minha vida. Só quando ela aconteceu é que realmente precisei aprender a me doar. Confesso que, logo no início, resmunguei muito comigo mesma.

Quando estamos grávidas, só olhamos a situação pelo nosso lado, porque, mesmo gerando outro ser, o fato de ele estar dentro de nossa barriga, faz com que acreditemos ter o domínio da situação. De certa forma, ainda decidimos aonde ir, o que comer e a hora de dormir, e essa sensação de controle é muito prazerosa e confortável.

Quando nasce o filho, em um primeiro momento, ainda estamos encantadas com aquele serzinho lindo que geramos, mas aí começa uma nova etapa. É maravilhoso parir um bebê lindo, saudável, cheiroso e tudo mais, mas até onde vai o poder dele sobre nossas vidas? Como iremos encarar e vivenciar a nova rotina, em que nossa vida passa a ser controlada por ele? Então pensamos: Como um ser tão inofensivo pode mudar tanto meu cotidiano e meus horários? Meu querer? Meu direito de ir e vir?

Amamentar é uma bênção! Eu pensava isso toda vez que tinha meu filho em meus braços, olhando nos meus olhos e segurando minha mão com seus dedinhos... Mas por que esse pensamento me fugia quando estava fora de casa passeando, fazendo compras ou qualquer outra atividade que não estivesse ligada à recente condição da maternidade? Então, de repente, me via obrigada a voltar, porque o peito começava a doer. A qualquer momento, poderia jorrar leite e eu me daria conta de que meu filho poderia estar com fome. A cada vez que isso acontecia, eu precisava voltar para casa para amamentá-lo.

Para muitas mulheres, isso pode soar como bobagem, mas quantas, como eu, sentiram-se ou se sentem assim, mas não assumem esse sentimento, por vergonha e até medo de serem julgadas ou mal interpretadas pela sociedade? Quantas de nós ficaram confusas, culparam-se por sentir ou pensar na própria individualidade e tiveram que viver essa fase sem poder expressar o que sentiam? Como entender esse misto de sentimentos, de tanto amor e, ao mesmo tempo, de renúncia a tantas coisas?

Essa é uma realidade dos dias de hoje, principalmente quando nosso "eu" fala mais alto, quando nossas prioridades são outras que não a família. Quem aprende cedo a doar seu tempo em prol de outras pessoas passa por esses desafios com mais tranquilidade, com uma consciência maior do que é amar ao próximo.

Com pequenos aprendizados do dia a dia, aquele pequeno e especial ser começou a me ensinar: havia chegado a hora de eu aprender a me doar. Eu não deveria mais satisfazer apenas as minhas vontades. Deus tinha escolhido meu pequeno filho para me ensinar a pensar mais no próximo. Claro que ele era realmente a pessoa mais próxima a mim naquele momento, mas como é bom ter a oportunidade de aprender de uma maneira tão suave. Como Deus age em minha vida, orquestrando os aconte-

Sula é a caçula da família. Seus pais tiveram outras duas filhas: Maria Odete, a Gretchen, e Yara.

Com um ano e seis meses, Sula ganha troféu de melhor fantasia num baile infantil de carnaval. Ao lado, está seu pai.

Sula e o pai na casa de praia em Itanhaém, São Paulo.

Sula (à direita) e Yara cantam numa festinha de aniversário para família e amigos.

Com os pais Mario e Maria José no dia da primeira comunhão.

No dia da primeira comunhão, quando estudava em colégio de freiras.

Primeira foto do grupo *As Melindrosas*, para o Disco Baby, em 1978, pela gravadora Copacabana. Na frente, à esquerda, Paula; à direita, Yara. Atrás, à esquerda, Sula; à direita, Gretchen.

Gretchen e Silva Neto; Sula e Paulo Simões, com quem se casou aos 18 anos. A foto foi tirada no casamento da irmã, Yara, em 1981.

Ao lado de Sergio Babolin, dono da relojoaria *A Suissa*, onde trabalhou de 1983 a 1985.

Antes de lançar seu primeiro disco, Sula fez um book para apresentar às gravadoras junto com sua proposta musical de cantar toadas sertanejas.

Em sessão de fotos para capa do primeiro disco, em 1986.

Sula recebe o disco de ouro pelo seu primeiro disco das mãos de Silvio Santos, em 1986. Abaixo, capa do LP que lhe rendeu o título de "Rainha dos Caminhoneiros".

Aniversário de Sula em 1987.
Da esquerda para a direita:
Gretchen, Maria José (mãe),
Sula e Yara.

No Festival Rimula de Música Regional, em 1989, Sula foi reconhecida e coroada "Rainha dos Caminhoneiros".

Em sessão de fotos, 1987.

Em junho de 1989, no casamento com Flavio, Sula carrega o sobrinho Tayan (filho de Yara).

Sula em desfile na cidade de São Paulo, realizado pelo SBT em 1991.

Sula franqueou 40 lojas da grife com seu nome por todo Brasil.

Com o amigo Adeh Oliveira, primeiro presidente do fã-clube que tornou-se gerente da grife de Sula Miranda, acompanhou-a no escritório e, posteriormente, virou diretor de programa televisivo.

Sessão de fotos com o marido Flavio para a revista *Som Sertanejo*, no dia 31 de Julho de 1990. Na mesma noite, ele cometeria suicídio.

Pôster de 1990, ano em que Sula lançou o quarto disco da carreira.

Capa de seu quinto disco, de 1991.

Sula leva a sua carreira adiante: acima, nos bastidores do Programa da Hebe. Abaixo, em sessão de fotos.

Gravação do programa Sula Miranda, no SBT, em 1992.

Capa do sétimo (acima) e nono disco de sua carreira, lançados em 1993 e 1996, respectivamente.

No programa Sula Miranda Show, na Rede Record, em 1993.

A gravidez de Natan e sonho de ser mãe realizado em 21 de Julho de 1998.

Vinte dias após o nascimento de Natan, Sula o apresenta ao público no Programa da Hebe. Da esquerda para a direita: Rogério Cardoso, Sula, Natan, Hebe e Francisco Milani.

No casamento com José Augusto, em 17/06/2005.

Comemoração do matrimônio com as irmãs Yara e Gretchen e a mãe, Maria José.

Lançado em 2003, o CD *Minha história é a sua* foi fruto de investimento financeiro de Sula e gerou muita frustração.

Logo após a sua conversão, Sula decide louvar a Deus gravando músicas gospel. De cima para baixo, os discos *Coração de Louvor* (2007) e *Estrada de Bênçãos* (2009).

O CD *Prova de Amor* (2012) marca a volta de Sula à música sertaneja. Abaixo, o CD *Inabalável* (2015), em comemoração aos 30 anos de carreira.

cimentos e me presenteando para que eu aprenda seus ensinamentos da maneira mais amorosa!

Com o decorrer dos anos, essa relação foi crescendo e me fez ver que não podemos pensar somente em nós mesmos. As pessoas pensam, agem, acreditam e vivem de forma diferente umas das outras. E isso acontece dentro de casa, para que possamos aprender a respeitar as circunstâncias e diferenças.

Meu filho me mostrou, e continua me mostrando a cada dia, que precisamos nos colocar no lugar do outro e pensar: "Como eu me sentiria nessa situação?". Fazendo isso, conseguimos ser um pouco mais ponderados e agir com mais justiça.

A convivência com nossos filhos e as situações de conflito cotidianas devem ser bem aproveitadas para o crescimento de todos, cada vez mais. E, principalmente, devem ser a oportunidade especial para exercitarmos o que aprendemos na Palavra e na vontade de Deus, deixando nosso querer de lado e procurando fazer as coisas do jeito dEle.

Devemos também priorizar, na educação dos nossos filhos, o conhecimento da Palavra de Deus, para que eles possam, desde cedo, obter o verdadeiro entendimento. Assim cumprimos nosso dever de pais, segundo a Vontade do Senhor.

> *"E vós, pais, não provoqueis vossos filhos à ira, mas criai-os na disciplina e na admoestação do Senhor."*
>
> *Efésios 6:4*

Esperei que meu filho fizesse quatro anos de idade para retomar minha carreira de cantora. Nesse período de espera, investi mais na minha carreira de apresentadora. Aproveitei também para fazer vários cursos de decoração e complementar minha formação universitária em Educação Artística. Foi um período em que tive um excelente convívio familiar; minha relação conjugal com o pai de Natan durou cinco anos.

Foi por não me sentir satisfeita comigo, apesar de, aos olhos das pessoas eu ter tudo, que meu relacionamento não deu certo. Na verdade, não deu certo apenas o casamento em si, pois, com certeza, Osmar foi a melhor pessoa que Deus escolheu para ser o pai do meu filho. Convivemos harmoniosamente até hoje. Ele é um exemplo de pai e um amigo eterno. Uma pessoa com quem poderei contar sempre e que terá meu respeito e carinho eternamente.

Desafios que provam nossa fé

Meu desejo de voltar a cantar vinha crescendo de tal maneira que uma grande insatisfação começou a tomar conta de mim. Eu tinha um emprego estável em uma emissora de TV, algo que me dava bom retorno profissional e financeiro, mas, mesmo assim, achava que não estava bom. Queria algo diferente, mas não sabia o que era.

Quando não estamos no centro da Vontade de Deus nem deixamos nossos projetos serem verdadeiramente conduzidos por Ele, corremos o risco de nos confundirmos com o que fazer, como, quando e onde.

Acreditei que, pelo meu trabalho ter sido reconhecido nacionalmente por tantos anos, seria fácil retornar às minhas atividades como cantora. Confesso que me deixei levar pela vaidade e pela soberba. Pensei que poderia fazer o que quisesse, à minha maneira e no meu tempo, e que sempre seria bem-sucedida. Pensei que tudo e todos estariam ao meu dispor e que as portas se abririam para me deixar entrar.

Quando temos uma grande projeção, em um curto espaço de tempo, principalmente no meio artístico, nos sentimos poderosos. Criamos uma falsa segurança de que tudo irá girar em torno de nós o tempo todo. Então, movida por esse sentimento, resolvi investir novamente na carreira de cantora.

Destinei grande parte do meu capital para a gravação de um CD em 2003. Fiz o melhor que pude: contratei bons profissionais e me dediquei muito. Levei meses trabalhando e divulgando meu novo trabalho pelo país. Coloquei nesse projeto todas as minhas energias e me empenhei ao máximo em busca do sucesso. Pensava que tinha feito tudo certo, mas quis vencer só com meu próprio esforço. Achava que a minha vontade também era a Vontade de Deus, e esse foi o meu maior engano nesse episódio.

Às vezes, por conveniência, criamos nosso próprio Deus, com regras que se adaptam perfeitamente à nossa vontade, e cometemos o erro de respeitar essas "leis" como se fossem certas. Até fazemos de conta que Deus quer isso para nós.

Se verdadeiramente estamos seguindo a Deus, tudo dará certo, até o que aparentemente daria errado. Sei que muitos não pensam assim, mas quem já experimentou os dois lados pode afirmar que, sem discernimento em relação à Vontade de Deus, o que tinha tudo para dar certo, dá errado. Devemos aceitar que, nem sempre, o que mais desejamos tem a concordância do Senhor.

Meu novo projeto acabou fracassando. Durante dois anos, insisti e tentei encontrar uma forma de mudar a situação. Foi um período muito complicado, e, por mais que eu investisse, tanto financeira quanto pessoalmente, não conseguia achar um caminho.

Nesta época, já estava separada de Osmar e acabei conhecendo e me apaixonando por José Augusto. Senti muito por ele ter me conhecido num momento em que eu estava sem muita projeção na carreira. Cheguei até a acreditar, na ocasião, que ele ficara com uma imagem deturpada sobre minha vida, acreditando que as dificuldades pelas quais eu passava indicavam que cantar não era a melhor escolha para mim. Não conseguíamos enxergar a situação com os mesmos olhos e, o que era pior, não tínhamos a visão de Deus sobre a questão.

Ainda que tenhamos nos envolvido e vivido um grande amor, posteriormente enfrentamos sérias desavenças em nosso relacionamento. Queria, de qualquer jeito, mostrar a ele quem eu era profissionalmente e o quanto já havia sido capaz de realizar. Queria que ele me visse como eu mesma me via. Eu não tinha a sabedoria para entender que bastava crer e ele poderia me enxergar com os olhos de Deus.

Eu não tinha ainda alguns dos dons que só o Espírito do Senhor pode nos dar, como a paciência e a mansidão. Tínhamos estilos de vida muito diferentes. Os fatos à nossa volta me faziam pensar que ele não entendia a minha profissão porque não conhecia minha trajetória profissional a fundo e que as informações que chegavam até ele nada agregavam ao verdadeiro valor da minha carreira. Ele presenciou toda minha luta, investimento e dedicação em meu novo projeto e não conseguia entender por que eu continuava a insistir, mesmo sem retorno.

Toda aquela situação me fazia pensar que ele deveria compreender que eu só estava insistindo porque, no passado, havia obtido ótimos resultados e, por isso, eu acreditava muito no meu potencial e na minha capacidade para fazer de um projeto um investimento rentável.

Por outro lado, eu tinha, o tempo todo, a sensação de que nunca conseguiria mostrar o quanto era importante para mim que ele conhecesse a minha história. Pensava que se ele soubesse da luta que tivera, poderia avaliá-la melhor, sem julgamentos precipitados. Acreditava que ele apenas se baseava no que podia ver naquele momento, ou, talvez, nos fatos isolados que tomava conhecimento através de jornais e revistas; que pessoas usadas pelo inimigo enviavam para ele para gerar discórdia e desunião entre nós.

Cheguei a pensar que o mal só agia na mente e no coração dele para que ele me enxergasse da pior maneira possível. Não me dava conta de que eu também estava cega espiritualmente e, da mesma forma, o mal agia em mim, fazendo com que eu pensasse a mesma coisa dele. Eu também prejulgava as atitudes dele e até apontava o dedo para elas e para sua forma de pensar.

Várias vezes, assumi a atitude do fariseu que se justificava diante do Senhor porque orava, jejuava e cumpria votos, enquanto o outro se humilhava na presença dEle pedindo perdão por seus pecados e reconhecendo suas fraquezas.

> *"O fariseu, posto em pé, orava de si para si mesmo, desta forma: Ó Deus, graças te dou porque não sou como os demais homens, roubadores, injustos e adúlteros, nem ainda como este publicano; jejuo duas vezes por semana e dou o dízimo de tudo quanto ganho. O publicano, estando em pé, longe, não ousava nem ainda levantar os olhos ao céu, mas batia no peito, dizendo: Ó Deus, sê propício a mim, pecador!"*
> *Lucas 18:11-13*

Hoje, o Senhor me deu a visão e o entendimento de que o erro era tanto meu quanto de meu companheiro, e que, se eu queria atitudes diferentes da parte dele, precisaria primeiro mudar meus pensamentos e atitudes. No entanto, creio também que essa situação nos foi permitida para aprendermos e crescermos mutuamente. Por ser de outra área, que nada tinha a ver com o ambiente artístico, e por ser também uma pessoa muito reservada, ele não gostava da minha exposição na mídia e isso afetava nosso relacionamento.

Entendo que as pessoas que veem o mundo artístico de fora não compreendam determinadas situações ou posturas de quem participa dele. De fato, pode ser difícil conviver com uma pessoa pública. Esse tipo de vida, com muita exposição, era normal para mim, pois eu a conhecia desde a adolescência. Hoje, vejo perfeitamente que se você não tem sua vida estampada na mídia, além de não conviver com a superexposição, pode ter dificuldade de dividir a pessoa que ama com o resto do mundo em quase todos os momentos.

Com o tempo, meu próprio filho me ensinou a ver a situação com outros olhos. Recentemente, ele me disse que se tivesse que optar entre ter a mãe artista e não ter, preferiria não ter. Eu entendi o que ele quis me dizer, porque Natan mal nasceu e já tinha uma vida pública, já que Osmar e eu, na época, logo o apresentamos a todos diante das câmeras. Temos fotos com ele bebezinho no programa da Hebe. Ele, inclusive, nasceu com poucas semanas de diferença da Sasha, filha da Xuxa. Eles foram colegas de holofotes.

Até hoje, quando saio com ele, muita gente na rua me pergunta: "É o Natan? Como cresceu!". A verdade é que ele se tornou público porque minha vida era pública. Hoje, Natan já convive com tudo isso muito bem, tira de letra, mas quando criança, houve momentos em que isso foi um problema, principalmente quando íamos a festinhas de filhos de colegas artistas e eu nunca estava lá como a mãe dele, para brincar com ele na piscina de bolinhas, por exemplo. Lá, eu era sempre a Sula Miranda.

Confesso que, naquela época, eu não conseguia ver as coisas dessa maneira. No meu relacionamento com José Augusto, por exemplo, à medida que essa exposição começava a se tornar um problema para nossa harmonia, eu pensava, esperava e, inconscientemente, cobrava do meu parceiro que ele aceitasse tudo de forma natural.

Se eu soubesse olhar mais para o outro do que para mim, com certeza teria agido de outra forma.

A verdade é que essas diferenças abalaram nosso relacionamento. Sempre que havia uma discussão ou um afastamento devido à minha exposição pública, eu deixava meu coração falar mais alto e mudava algumas posturas em benefício de nossa relação. Desde o início do namoro e nos dois anos em que ele durou, mudei muitas coisas em minha vida pelo que sentia por ele. Fomos casados de 2005 a 2007 e, também neste período, mudei.

Sei, porém, que errei em muitas situações por ainda não saber como usar a fé inteligente, sem me deixar levar pelas emoções. Tomei muitas decisões precipitadas por acreditar na voz do coração.

Era o começo do meu aprendizado de como agir com a razão. Para um artista, isso é muito difícil, pois somos condicionados a viver pela emoção. O coração é enganoso e, quando não conhecemos bem a Palavra e não sabemos das várias artimanhas usadas pelo mal para nos enganar, podemos facilmente confundir sentimentos e decidir e agir de modo incoerente. Contudo, acredito que Deus tenha colocado este relacionamento em minha vida com o propósito de realizar grandes mudanças.

Comecei a frequentar uma igreja evangélica, a Igreja Universal do Reino de Deus, exatamente nesta época. Estava cansada de bater em tantas portas, de errar em várias áreas e, principalmente, por conta do relacionamento que vivia, tinha um grande desejo de mudar o que fosse necessário para encontrar equilíbrio e paz. Durante o primeiro ano, ouvia a Palavra e tentava aplicá-la à minha vida. Sempre escutava sobre o encontro com Jesus, que deveríamos entregar nossa vida a Ele, que precisaríamos sentir o verdadeiro arrependimento.

Durante toda minha vida, ouvi pessoas ao meu redor vangloriando-se de que, "Graças a Deus", não se arrependiam de nada na vida, que talvez tivessem que se arrepender do que não tinham feito, que, afinal de contas, tinham alcançado tudo o que queriam, graças a todos os seus feitos: "Tenho meu patrimônio, saúde, filhos maravilhosos e outras coisas mais, então, por que me arrepender?", elas diziam.

A questão é que, apenas quando somos capacitados pelo Espírito Santo, passamos a entender como ter um verdadeiro contato e relacionamento com Deus. Compreendemos também como agradá-lo, adorá-lo e nos aproximar dEle mais rapidamente.

Só assim saberemos como e quão importante e bom é sentir o verdadeiro arrependimento.

"Se confessarmos nossos pecados, Ele é fiel e justo para nos perdoar os pecados e nos purificar de toda injustiça."
João 1: 9

No dia em que compreendi a verdade e a importância do arrependimento, achei necessário fazer um autoexame de toda minha vida e parei de perguntar os por quês de tudo. Visitei cada capítulo da minha trajetória, da maneira como estou relatando aqui, além de tantos outros, e senti um profundo arrependimento.

"Lembra-te, pois, do que tens recebido e ouvido, guarda-o e arrepende-te. Porquanto, se não vigiares, virei como ladrão, e não conhecerás de modo algum em que hora virei contra ti."
Apocalipse 3:3

Senti a necessidade de me humilhar perante o Senhor e de pedir perdão de todo meu coração. Realmente senti muito pelos meus erros e por ter prejudicado terceiros. Envergonhei-me de mim mesma e senti um grande alívio depois de ter chorado muito e reconhecido todas as minhas faltas e fraquezas perante Deus. Assim, aconteceu meu verdadeiro encontro. Jesus me reconfortou, me acolheu, me aceitou como eu era, um ser humano cheio de falhas.

Entendi o que era um "coração puro", o que era voltar ao "primeiro amor", como sempre ouvi nas pregações. Realmente, dou meu testemunho de que esse é um momento em que voltamos à lembrança da nossa infância, quando, pequeninos, depois de um mal entendido, nossos pais nos abraçavam, perdoavam e nos acalentavam em seus braços. É maravilhoso sentir isso nos braços do Pai.

"A bondade de Deus é que conduz ao arrependimento."

Romanos 2:4

É importante ter consciência de que o arrependimento acontece repetidas vezes ao longo de nossas vidas, pois somos todos pecadores. Sempre que se fizer necessária uma reconciliação com Deus, arrependa-se novamente, humilhe-se diante dEle e peça perdão, pois Ele sempre se agradará da sua sinceridade e, assim, sua comunhão não estará em risco.

Sempre me coloquei em primeiro lugar nos relacionamentos, e tudo tinha que ser orquestrado por mim. O relacionamento com José Augusto veio naquele momento da minha vida justamente para me fazer questionar exatamente isso. Para conduzir a relação da melhor forma possível, tive que aprender, novamente, a me doar. Talvez por não ter absorvido totalmente a lição de não fazer apenas a minha vontade, precisei ceder, entregar-me mais, abrir mão de vaidades. Precisei mudar totalmente meus modos e costumes. Precisei me submeter.

As mulheres, quando se tornam muito independentes em várias áreas, acabam perdendo algumas referências e esquecem que a Palavra prega a submissão das mulheres aos seus maridos.

"As mulheres sejam submissas ao próprio marido, como ao Senhor; porque o marido é o cabeça da mulher, como também Cristo é o cabeça da Igreja, sendo este mesmo o salvador do corpo. Como porém a igreja está sujeita ao Cristo, assim também as mulheres sejam em tudo submissas ao seu marido."

Efésios 5:22-24

Hoje, esse ensinamento é visto de forma errada, pois as palavras são colocadas de maneira inapropriada. Quando estamos muito voltados para nós mesmos, não conseguimos enxergar e entender os ensinamentos e a vontade do Pai. Entendi e absorvi o que é ensinado sobre o casamento e resolvi que queria isso para mim, sabendo que, para construir de fato o lar e a família que tanto queria, deveria obedecer às leis de Deus e viver uma vida tal como está escrito.

De volta pra casa

Na estrada solitário e aflito
Longe de casa, num deserto sem destino
A quilômetros de distância de ti
Olha pra mim, cura minha dor
Tem piedade do meu ansioso coração
Quero voltar, me entregar
Quero conhecer os teus caminhos
Ensina-me as tuas veredas
Guia-me na tua verdade
Lembra-te de mim, por tua bondade
Quando chegar em tua presença
Quero ouvir a tua voz
Conhecer o teu amor
Repousar em teu abraço
Quero olhar em teus olhos
Receber o teu perdão
Entregar a minha vida
E dizer: "Eu Te Amo"

Hoje, tenho uma vontade enorme de falar para o mundo sobre essas transformações por que passei. Afinal, acredito que, como eu, muitas pessoas sintam as inseguranças, as dores e as dúvidas que senti. Ultimamente, vinha me perguntando o que Deus esperava de mim. Muitas vezes me sentia inútil, apesar de ter tantos talentos disponíveis, mas eu realmente me sentia incapaz de usá-los. Sei que Deus também está me capacitando, neste momento, com o dom de escrever, para que eu, justamente com estas linhas, faça chegar meu testemunho mais facilmente às pessoas.

Creio que esta seja mais uma tarefa que Deus tem para mim: dividir com outras pessoas minha maravilhosa busca, mesmo que cheia de dúvidas, medos e inseguranças, e, durante a qual, venho lutando para ser uma mulher virtuosa.

"Enganosa é a graça e passageira a formosura, mas a mulher que teme ao Senhor, essa será louvada."
Provérbios 31:30

O que realmente importa é o quanto estou disposta a seguir neste caminho, o quanto vou me dedicar e perseverar. Tenho realmente certeza de que esta é a direção certa.

Qual é a diferença que Jesus faz na minha vida? Acredito que, hoje, meu maior desafio depois de ter escolhido seguir o caminho de Cristo é realmente administrar, da melhor forma, minha vida familiar. Saber verdadeiramente "esperar no Senhor".

Tenho me dedicado muito, pois quero me aproximar ao máximo da vontade de Deus e ser semelhante à mulher virtuosa. Confesso que, muitas vezes, em algumas situações, ainda me sinto impotente, confusa, sem saber que direção seguir. Tenho sido provada em várias ocasiões, até mesmo nas pequenas coisas do dia a dia, as quais, tenho certeza, aparecem em meu caminho para aprimorar meu caráter e me fortalecer na fé.

Também fraquejo e chego a me questionar se realmente estou capacitada para algumas lutas. Confesso que, em determinadas situações, pedi perdão a Deus por não me sentir forte o suficiente para enfrentar as batalhas que surgiram diante de mim, também por me esquecer, às vezes, de que a nossa força vem do Senhor.

Jamais podemos nos esquecer de que o inimigo chega, sorrateiramente, para matar, roubar e destruir. É exatamente na hora em que estamos certos de que ele foi destruído, que, de repente, percebemos que é necessário, ainda, pelejar em várias frentes de batalhas para chegar à vitória final. Não vacile. A maior proteção é a entrega e a comunhão permanente.

As fraquezas são típicas do ser humano. O que nos faz ser diferente é como reagimos às situações. Sempre seremos desafiados pela vida, e esses desafios são enriquecedores, mas desde que os encaremos como aprendizados. Nossas reações demonstram quem somos, no fundo. Quando nos propomos a fazer mudanças, conversões, com certeza estaremos lapidando nosso caráter.

Cultivando a virtude do dia a dia: educando os filhos

Com relação à educação de Natan, sinto-me um pouco mais aliviada. Tenho orado muito e entreguei, de fato e de verdade, meu filho a Deus. Só tenho clamado muito para que Ele me capacite a criar meu filho para servi-Lo e assim consiga transmitir o conhecimento e plantar nele a semente da fé. Creio que quando conseguimos isso ainda na infância é mais fácil continuar regando e adubando essa conquista durante a adolescência, para, segundo a misericórdia de Deus, colher os frutos na fase adulta.

Natan está a meio caminho de se tornar um jovem adulto e já posso ver em seu caráter, em seus gestos, hábitos e opiniões o reflexo das bênçãos que venho pedindo a Deus. Por muito tempo ele me acompanhou na igreja e acompanhou meus passos, tendo convivido comigo ao longo de dois relacionamentos, com o pai dele, Osmar, e com meu companheiro à época de minha conversão, José Augusto.

Percebo que ele extraiu o melhor que viveu para sua formação. Recentemente, tive o prazer de ouvi-lo dizer que tinha nele a melhor parte de cada um dos meus dois ex-parceiros, incluindo aí também muito do que viu e aprendeu com seu meio-irmão mais velho, por parte do primeiro casamento do Osmar. Devo dizer que os três continuam a fazer parte da vida dele, são para ele fortes referências masculinas.

É claro que fiquei muito feliz ao ouvir Natan me fazer essas afirmações, mas para descontrair, lembro-me de que perguntei a ele o seguinte: "E eu, meu filho, onde entro?". Para minha satisfação, ele disse que eu sou a base de tudo na vida dele. Estou reproduzindo aqui essa importante conversa que tive com meu filho, porque ela reflete o equilíbrio que consegui alcançar e transmitir a ele. Sem dúvida, é a prova de que pude ensinar a lição de quão importante é sermos capazes de sentir e demonstrar amor por quem já fez parte de nossos dias mais assiduamente, e construir com essas pessoas laços que, de alguma maneira, continuam e permanecem vivos.

Osmar é e será meu amigo para sempre, e não apenas porque somos os pais de Natan. Nós nos preocupamos um com o outro e estamos sempre por perto. José Augusto, por sua vez, que Deus colocou em meu caminho para eu chegar mais perto de Sua Palavra, habita minhas orações. Guardo a foto de seus filhos em minha *Bíblia*. São filhos que a vida me deu e o amor por eles permanece.

Hoje, posso agradecer a Deus pela bênção de demonstrar e transmitir equilíbrio ao meu filho, oferecendo-lhe um exemplo de amor, apesar dos obstáculos do caminho por que passei, porque essa é sem dúvida uma das maiores conquistas da minha vida. Sei, porém, que muitos cristãos tentam fazer o mesmo, acreditando oferecer o seu melhor, mas, em determinadas etapas, têm problemas e não conseguem.

Há filhos que não querem permanecer na fé, outros buscam caminhos mais difíceis, como drogas e alcoolismo. No entanto, como aprendi ao ler um livro sobre como criar filhos, o que importa é continuarmos crendo e servindo a Deus. Servindo-O com zelo.

"Ensina a criança no caminho em que deve andar, e, mesmo quando for velho, não se desviará dele."
Provérbios 22:6

Às vezes, porém, no decorrer de nossas vidas, deixamos de vigiar.

"Perseverai na oração, vigiando com ações de graças. Suplicai, ao mesmo tempo, também por nós, para que Deus nos abra a porta à palavra, a fim de falarmos do mistério de Cristo, pelo qual também estou algemado; para que eu o manifeste, como devo fazer.
Tessalonicenses 4:2-4

É verdade que oramos, até por hábito, mas fraquejamos em algum ponto. Muitas vezes, apenas repetimos frases, mas não falamos com Deus com toda a sinceridade do nosso coração. Devemos ter consciência de que é mais importante para Deus que confessemos nossas fraquezas.

De nada adianta seguir a Palavra se, diante do Pai, não nos colocarmos humildemente. Precisamos obedecer a Palavra de Deus, ser fiel nas ofertas, dízimos, jejuns, propósitos e, principalmente, na observação da Palavra, para que o mal não encontre brecha. Pois esta, por menor que seja, será a oportunidade perfeita para que aconteça o que não esperamos em nossas casas. O maior segredo da fé é manter acesa a chama, e isso se faz com perseverança, fidelidade total, vigiando com orações e manifestações de fé.

"Orai sem cessar.

Em tudo, dai graças, porque esta é a vontade de Deus em Cristo Jesus para convosco. Não apagueis o Espírito. Não desprezeis as profecias;

Julgais todas as coisas, retende o que é bom, abstende-vos de toda forma de mal."

Tessalonicenses 5:17-22

O demônio do tempo

Como é difícil, em nosso dia a dia, render graças a todas as coisas. Os afazeres nos ocupam, permitindo que o maior inimigo, chamado "demônio do tempo", invada nossas vidas. É quando nos deixamos levar, permitindo que o trabalho e as coisas do cotidiano nos ceguem a ponto de nos esquecermos de agradecer pelas benesses e dificuldades que acontecem, o que nos impede de reconhecer, nos pequenos detalhes, a presença dEle em nossas vidas.

Todas as promessas serão cumpridas em nossas vidas mediante nossa entrega. O essencial é crer que devemos estar prontos para fazer a vontade Dele a qualquer tempo e hora. A lição mais importante que devemos aprender é: Deus é bom. Não importa o que aconteça.

"Bendito seja o Deus e Pai de nosso senhor Jesus Cristo, o Pai das misericórdias e o Deus de toda consolação, que nos consola em toda nossa tribulação, para que possamos também consolar os que estiverem em alguma tribulação, com a consolação com que nós somos consolados por Deus."

2 Coríntios 1: 3-4

Também é fundamental que tenhamos plena consciência do que significa "seja feita a vossa vontade", pois precisamos aceitar e crer que isso é o melhor para nós, seja qual for a situação pela qual estivermos passando.

Uma comparação evidencia isso – Jesus é o noivo e nós, que frequentamos a igreja e a Palavra, somos sua noiva. Quando o aceitamos, assumimos tal compromisso "na saúde e na doença, na riqueza e na pobreza, na alegria e na tristeza". O que importa é continuarmos servindo a Deus, de todo coração.

Não devemos permitir que no momento da dificuldade, seja ela financeira, emocional ou espiritual, o egoísmo tome conta de nossas mentes e corações, nos fazendo pensar que, se as coisas não acontecem conforme nossas expectativas, podemos nos afastar de Deus e reclamar de tudo. Ao contrário, devemos louvar a Deus da mesma forma que o louvamos quando obtemos conquistas e vitórias.

Quando reclamamos por não saber administrar as dificuldades, revelamos nossa fraqueza e confirmamos que ainda não era a hora de receber a graça. Nosso crescimento na relação e na intimidade que queremos com Jesus depende exclusivamente de nós. Algumas pessoas, principalmente os "novos crentes", ávidos por conhecer e se aprofundar nas coisas de Deus, ficam maravilhados com grandes testemunhos, principalmente os de cura e de sucesso na vida financeira. Eu falo abertamente porque isso também aconteceu comigo.

Quando entrei para a igreja, muitas vezes me sentia envergonhada por não ter nada de "extraordinário" para contar. Com o tempo, percebi que o mais importante para mim era ter um milagre por dia para contar. Muitas vezes, nem reconhecemos alguns acontecimentos como bênçãos, como se fosse obrigação de Deus nos dar tudo perfeitamente. E, assim, deixamos de louvar a Deus por eles. Por isso, procure contar e agradecer todas suas bênçãos diárias.

Eis alguns exemplos: cada volta em segurança de seus respectivos parceiros e filhos para casa deve ser contabilizada. Um carinho ou abraço demorado nos filhos também. Ouvir seu marido ou esposa dizer "Eu te amo", saber perdoar, oferecer compaixão e amizade em pequenos gestos são outros exemplos. E ainda: a saúde de todos os familiares, a capacidade de passar um dia sem discussões, de dormir uma noite de sono tranquilo, de ter alimento à mesa, de conseguir manter as contas em dia. Ver os filhos irem bem na escola é outra bênção, assim como receber o telefonema de um parente ou amigo para saber se vocês estão bem. E tantas outras coisas que, no corre-corre do cotidiano, nos esquecemos de contar e agradecer como bênçãos.

Eu me dei conta disso, em um dia em que, pensando em tudo, vi o quanto era realmente abençoada. Existem dificuldades na vida de qualquer família. O casal sempre precisa lidar com as diferenças, e, como é difícil, nesse momento, ser uma esposa virtuosa. Uma crítica ao seu visual ou uma discordância na educação dos filhos, ou, ainda, apenas uma reclamação por uma camisa mal passada – tudo pode abrir uma brecha para o inimigo agir no relacionamento.

Recomendo uma "técnica", que me ajudou muito nessas questões. Minha personalidade, educação e a forma como fui criada fizeram grande diferença em meu cotidiano. É preciso estar focado nas coisas de Deus, no caráter de Jesus e, sempre que essas diferenças crescerem em seu coração e mente, peça socorro. Tranque-se em seu quarto ou banheiro, ajoelhe-se e clame.

"Invoca-me no dia da angústia; eu te livrarei, e tu me glorificarás."
Salmos 50:15

Não tenha vergonha, não pense que algo é muito pouco ou pequeno para apresentar a Deus. Do mesmo jeito que não existe "pecadão" nem "pecadinho", não há diferença em pedir pouco ou muito. Não espere um pedrisco virar uma pedrona. Peça que Deus tire do seu coração sentimentos que o(a) levam a dar importância às picuinhas.

Confesso, é difícil. Ninguém é de ferro. Tenho me policiado 24 horas por dia, e ainda busco ter um caráter puro e bondoso, como Jesus ensina. Tenho comigo a certeza de que é isso que Ele quer de mim: disposição para mudar e me entregar totalmente às mãos do Senhor, para que Ele trabalhe em mim, transformando-me em um novo ser.

Em alguns momentos, ainda fraquejo ao pensar que as pessoas ao meu redor é que devem mudar. No entanto, cada vez que isso acontece, lembro-me do livro de Stormie Omartian, *O poder da esposa que ora*, quando ela diz que sua oração favorita mudou-se de "Senhor, transforma-o", para "Senhor, transforma-me". A mudança real só aconteceu em sua vida quando ela descobriu que a oração verdadeiramente eficaz era a segunda e não a primeira.

Se aceitarmos e aplicarmos esse conhecimento, principalmente como esposas e mulheres, seremos transformadas a ponto de não enxergar defeitos em nossos companheiros. Passaremos a não deixar que essas pequenas diferenças interfiram no plano de Deus para nossas vidas. Teremos paz interior, pois não permitiremos que o mal se manifeste em nosso dia a dia, trazendo desunião e desavenças ao nosso lar.

A mulher virtuosa "*fala com sabedoria e a instrução da bondade está na sua língua*" (Provérbios 31:26), e isso realmente implica o bem-estar de todos. Trata-se de uma vida de doação, renúncia, mas creio que é a melhor e a mais tranquila forma de agradar a Deus. Como se tornar uma "mulher de Deus", como tanto ouvimos falar nas pregações? O que de fato vai nos caracterizar dessa forma?

Para nós, mulheres, creio que a pior arma está na língua. Como passar um dia todo sem fazer nenhum comentário sequer sobre alguém? Às vezes, em nossa hipocrisia, chegamos até a nos julgar superiores aos outros e falamos "não estou falando mal, só estou comentando". É nesse comentário que mora o perigo.

Quantas vezes esse pequeno comentário não está carregado de inveja, despeito, desprezo e tantos outros sentimentos que nem nos damos conta, como ciúmes e baixa autoestima? Devemos estar atentas a esses detalhes e reconhecer que a vitória de outras pessoas deve servir de estímulo para prosseguirmos e perseverarmos em nossas lutas.

Precisamos saber que as experiências alheias, ainda que sejam ruins, podem nos servir como alertas para não prosseguirmos em um caminho errado. Basta termos humildade para pedir perdão por julgar mal uma atitude do vizinho, do amigo, do colega de trabalho. Precisamos saber repreender um filho para educá-lo, não apenas por autoridade e censura. Devemos entender a ausência de um amigo ou amiga, quando pensamos que, naquela hora mais difícil, eles deveriam estar por perto. Precisamos saber enfrentar o deserto calados. É necessário não murmurar nem criticar. Devemos, como mulheres, apenas nos colocar verdadeiramente na condição de servas, e não da boca para fora.

É muito importante ainda guardar o coração do rancor, da raiva, da repreensão, das resistências e das reprovações, pois esses sentimentos geram desânimo, depressão, desespero e desolação. Precisamos cultivar, através do silêncio da alma, a sabedoria, a serenidade e o verdadeiro sorriso, gerando amor e bom ânimo.

Difícil? Não se você acreditar que serve ao Deus do impossível, àquele que pode transformar você em uma mulher virtuosa ou em um verdadeiro homem de Deus. Ao longo de nossas vidas, várias vezes nos deparamos com dificuldades diversas – emocionais, financeiras, problemas de saúde, educação de filhos, desavenças com os pais, e assim por diante. Quando somos jovens, achamos que se conquistarmos a liberdade e a suposta independência, automaticamente nos tornaremos poderosos. Chegamos a pensar que não precisamos de nada, nem de ninguém, que podemos e queremos ser donos do nosso nariz, mas essa frase é realmente muito perigosa. É um divisor de águas, porque se não tivermos uma base de fé, vamos atribuir a nós mesmos as glórias e deixar a vaidade ser dona do nosso pensamento e do nosso coração.

É nessa hora que corremos o risco de deixar Deus de lado e nos afastar totalmente do propósito de nossas vidas. Quando nos concentramos apenas nas coisas do mundo, sem nos voltar ao mundo espiritual, sem procurar uma permanente comunhão com Deus e total direção do Espírito Santo, vivemos uma vida totalmente material. Foi dessa forma – vazia – que vivi um longo período da minha vida.

Quando acende a luz vermelha

Durante toda a fase em que me dediquei à vida artística, minha profissão era meu único referencial. Vivia para o trabalho, minha prioridade era a minha carreira. Estava acima da família, de relacionamento amoroso, dos amigos ou de qualquer outra coisa, e, mesmo depois de ter meu filho, continuei priorizando e dedicando a maior parte do tempo à minha vida profissional. Se houvesse qualquer compromisso ligado à minha carreira, eu abria mão do convívio familiar, do namoro, do filho, de tudo.

Eu acreditava que a realização profissional e o sucesso gerariam ainda mais ganhos financeiros, e com esses ganhos eu resolveria toda minha vida. Pagaria ótimas pessoas para cuidar do meu filho, proporcionaria fartura material para minha família, e, consequentemente, atrairia "amigos" à minha volta. Aliás, eu sempre estava cercada por muitas pessoas, todas aparentemente satisfeitas em me servir, e tudo era facilitado por essas mordomias.

Puro engano. Aos poucos, fui percebendo que, quando eu realmente precisava, estava sempre sozinha. As maioria das pessoas que me cercavam estavam lá para usufruir do que minha carreira proporcionava. Não tive a sorte de ter um ou uma superempresária que acreditasse realmente no meu potencial e fosse à luta por mim em qualquer situação. Durante toda a minha carreira, fui rodeada por pessoas que tiravam proveito de mim nas mais diversas situações. E eu não enxergava isso.

Sempre tive boa-fé e acreditava que as pessoas gostavam de mim pelo que eu era. Nunca imaginei que me enganariam e sequer pensei que não seriam corretas comigo, afinal, eu sempre fora correta com elas. Foi justamente essa maneira de agir que me levou a grandes tristezas e decepções. Em outros momentos, minha postura era bem diferente: desconfiava de tudo e de todos. Ora acreditava piamente, ora duvidava completamente de todos e de tudo à minha volta.

Claro que, ao longo de minha história, também fui agraciada pelo convívio com pessoas maravilhosas, que foram sinceras e me amaram de verdade. Elas são as verdadeiras joias que fazem parte do meu convívio até hoje. Às vezes, a vida nos afasta delas por um tempo, contra a nossa vontade, mas elas sempre acabam voltando, e vivenciamos nossa amizade como se nunca tivéssemos nos afastado. Esses são os verdadeiros amigos, que amam sem cobrança, em qualquer tempo e situação.

Quando o artista amadurece, ele consegue analisar suas relações e momentos com muito mais clareza. Trata-se de uma carreira com altos e baixos frequentes, pois o sucesso não é permanente, não importa o quão famoso você seja. A mídia é que elege quem e como alguém deve ser famoso, a hora que ela quer. Ser artista é uma profissão instável e o vaivém da fama faz com que você comece a selecionar as pessoas que realmente valem a pena.

Se a exposição na mídia acontecer por causa do seu sucesso, todos estarão à sua volta. Mas, se por uma infelicidade for exposto a um boato e virar um bode expiatório, o que é comum nessa profissão, você se verá totalmente desprotegido e sozinho. Pessoas que o elogiavam, de repente passam a criticá-lo, e a maioria afasta-se sem sequer querer saber da verdade. Nesse momento, você percebe como o ser humano é falho e se esquece dos mandamentos de Deus.

"Portanto, és inescusável quando julgas ó homem, quem quer que sejas, pois te condenas a ti mesmo naquilo em que julgas a outro, porque tu que julgas, fazes o mesmo."

Romanos 2:1

É muito fácil falar, tirar conclusões e tecer comentários sobre terceiros, mas quem somos nós diante dos olhos do Pai? É Ele quem vai nos julgar.

As nossas atitudes e o nosso comportamento serão colocados diante dEle no dia do juízo final, então, devemos ter humildade e disciplina para não criticar nossos irmãos, seja qual for a situação.

Hoje, temos visto pessoas tirando conclusões precipitadas até em relação às igrejas. O fato de termos uma divulgação maior da Palavra de Deus através da mídia faz com que muitas pessoas, inclusive fiéis, levantem dúvidas e pré-julgamentos, principalmente quando estão em outras congregações. Assistimos a um triste quadro de uns julgando os outros, sem ao menos ter conhecimento da verdadeira obra realizada.

É fácil duvidar do sucesso e da prosperidade do próximo. Isso faz com que você abra brechas para o mal agir através da inveja, do mau julgamento e de palavras que não deveriam ser ditas. Aprendi bastante em minha trajetória, pois fui muito julgada por coisas que não fiz e por situações em que não agi de má fé. O sofrimento por que passei nesses momentos me mostrou que devemos esperar, pois Deus se encarrega de mostrar a verdade, talvez não no tempo que queremos, mas a justiça divina é feita quando agimos com um coração puro aos olhos de Deus.

Conhecemos várias histórias bíblicas que falam e dão exemplos disso, como a história de Maria Madalena ao ser apedrejada. "Atire a primeira pedra quem não tiver nenhum pecado." Também podemos lembrar da história de Pedro e Paulo, que foram injustamente presos, julgados e condenados.

Jesus Cristo é o maior exemplo da grande injustiça. Ele pagou pelos nossos pecados. Ele foi torturado e morto injustamente. Então, que tal nos lembrarmos desse episódio e sermos mais ponderados antes de falar e levantar falso testemunho em relação ao próximo?

No período em que eu tinha maior exposição como artista, fui vítima de insinuações, mas creio que Deus já sinalizava isso para mim, e eu, infelizmente, tão preocupada em buscar as coisas do mundo e satisfazer minha vaidade, não percebi que Ele já me mostrava que havia outra trajetória.

Confesso que demorei para perceber tudo isso. A cada desafio, eu sentava e chorava muito, me desesperava, e, em vez de buscar conforto, só conseguia fazer cobranças a Deus.

"Por isso não reprimirei a minha boca, falarei na angústia do meu espírito, queixar-me-ei na amargura de minha alma."

Jó 7:11

Eu não aceitava viver determinadas situações, mas também não me colocava na posição de aceitar a vontade de Deus. Hoje, aprendi que até posso cobrar Deus, desde que esteja vivendo de acordo com seus ensinamentos e sendo fiel. Não devemos simplesmente aceitar certas situações. Na verdade, para que haja mudanças, precisamos até nos revoltar contra elas, reconhecer quando o mal quer nos usar e entender quando Deus permitiu que tivéssemos dificuldades. Nossos atos passados é que nos impedem de ter um presente tão glorioso como esperávamos. Nossas atitudes e comportamentos de hoje são as sementes do que colheremos no futuro.

O Senhor não quer que tenhamos problemas e sempre facilita tudo para nós. Apenas precisamos aceitá-Lo como dono de nossas vidas e entregarmos as nossas ansiedades, dúvidas e medos em suas mãos.

Tudo que vivemos é fruto do que semeamos anteriormente. É uma pena que, na maioria das vezes, só consigamos enxergar isso depois de amadurecermos, ou quando passamos por uma grande provação. Passei por muitos períodos difíceis, mas só me rendi de verdade quando vi que poderia ser atingida financeiramente.

Naquele momento, as coisas materiais e o que elas proporcionavam eram prioridade para mim. Mesmo assim, Deus foi sempre muito misericordioso comigo. Fui curada na minha infância e nunca mais tive problemas de saúde. Emocionalmente, não tinha sido completamente feliz, mas não me dava conta disso. Apenas quando o abalo alcançou a área financeira, ouvi o sinal de alerta. Eu já havia percorrido uma grande trajetória profissional, em que, praticamente, fora bem-sucedida o tempo todo. Ao longo dos anos, fiquei conhecida nacionalmente, tive sucesso, fama, beleza, e o dinheiro me proporcionou uma relativa estabilidade financeira.

Isso me deu condição para arriscar novas frentes de trabalho e, assim, além de cantora, me tornei apresentadora de TV, o que me rendeu muitos frutos. Virei empresária, tive aproximadamente 40 lojas franqueadas em todo país, mais de 200 itens licenciados com minha marca, ônibus, carros e tudo que uma carreira de sucesso pode proporcionar.

Deus, porém, na sua infinita sabedoria, acendeu uma luz vermelha em sinal de alerta para mim. Você já se viu assim? Em uma situação financeira que arranca seu chão? É nessa hora que você deve aproveitar para rever seus conceitos e "pré-conceitos". Enquanto acertamos e temos estabilidade, não nos damos conta de quantos erros estamos cometendo ao longo do caminho. É impressionante como tudo o que aprendemos para fazer as coisas corretamente de repente se perde e escapa ao nosso controle.

O devorador já me acompanhava havia tempos, e eu não tinha conhecimento disso. Sempre consegui as coisas materiais que queria, porém, com uma falsa facilidade, pois tudo era cercado de problemas. Ações na justiça com funcionários que eu já tinha pago e com quem havia honrado meus compromissos. Carros batidos com perda total. Por mais que eu tentasse me precaver com contratos e advogados, era, na maioria das vezes, lesada nos negócios. Enfim, as conquistas materiais não se estabeleciam definitivamente em minha vida.

Conquistei imóveis, carros e muitas outras coisas. Mas, no momento em que vi ruir meu sonho profissional construído com tanto carinho, empenho e investimento, questionei-me sobre o que estava fazendo de errado. Por que, apesar de tanto investimento, o CD *Minha história é sua* não havia dado certo em 2003? Mesmo assim, ainda perseverando profissionalmente, pensei em me dar uma nova chance, um recomeço, quem sabe retomar minha carreira como apresentadora de TV.

Procurei um amigo para me orientar profissionalmente e vi como Jesus usa seus servos para se apresentar em nossas vidas. Essa pessoa com quem fui me aconselhar era um homem de Deus, o Bispo João Batista, com quem já havia trabalhado na TV e que havia me contratado no passado. Acreditei que, por conhecer minha conduta pessoal e profissional, ele me ajudaria a encontrar um novo caminho. Ele realmente fez isso.

Ao ouvir meu pedido de ajuda, ele me estendeu a mão da melhor maneira possível. Ele não me conseguiu um emprego, mas orou por mim e me orientou a buscar ajuda espiritual, para só depois pensar no que fazer com minha vida profissional.

Então eu percebi como precisava de Jesus. Comecei a frequentar uma igreja evangélica, fiz as correntes de libertação, conforme a orientação daquele homem de Deus, e, aos poucos, vi minha vida mudar. Voltei para a televisão em 2004, com um programa feminino, e reorganizei minha vida paulatinamente. Porém, o melhor de tudo foi ter, nesse aprendizado inicial da fé, me desapegado de algumas coisas.

Ao longo de processos como esse, num primeiro momento, o melhor é conseguir recuperar a confiança em Deus e em nós mesmos. Também é preciso aprender a se fortalecer na fé, e, aos poucos, ir conhecendo a Palavra para permitir que ela seja a nova direção.

Soava muito bonito, para mim, ouvir as músicas da igreja e perceber a letra de várias delas, que diziam: "Faz-me um vaso novo, muda minha vida, Senhor". Acontece que eu ainda não sabia como realizar todas aquelas maravilhas cantadas nos versos. Ouvia testemunhos de fé e ficava pensando se o milagre aconteceria também comigo.

O que precisamos entender é que sempre recebemos algo de Deus, todos os dias. Um dia, recebi uma mensagem pela internet que falava sobre um "presente de Deus"; na verdade, contava que uma pessoa, ao acordar, havia recebido um presente. A primeira atitude diante de uma situação assim é querer abrir o pacote. Ao abrirmos, temos duas possibilidades – gostar ou não gostar do que vemos. Quando gostamos, ficamos felizes, fazemos festa e nem sempre agradecemos a Deus, mas, quando não gostamos, a primeira atitude é reclamar.

Se considerarmos que cada dia é o nosso presente, e por isso ele tem esse nome – não é passado, nem futuro –, temos de aceitá-lo de bom grado, porque só Deus sabe do que precisamos e queremos. Às vezes, você pode estar vivendo um momento difícil. Receba isso como um verdadeiro "presente", mesmo que seja complicado carregar o pacote. Tire o melhor dessa experiência e aprenda o que Deus quer lhe ensinar com este momento.

Ainda estou aprendendo muito, mas já sei que o tempo e a vontade de Deus são soberanos e cheios de sabedoria. O que realmente vale é o que se absorve no final de uma luta. Um grande consolo é termos a verdadeira consciência de que, na vida, tudo passa. Sei que é terrível escutar isso durante uma crise, na hora da maior angústia. Mas lembre-se de que, quando estiver no meio de uma dificuldade e pensar em sua última batalha, verá que o desafio é passageiro. Principalmente porque você não pode se esquecer, em nenhum momento, que Deus é fiel.

Temos que estar atentos aos mínimos detalhes da Palavra de Deus, pois achamos que basta ler para compreender o que Ele quer nos dizer. Nem sempre é tão evidente assim.

As crises são necessárias para as mudanças. Muitas vezes, apenas quando somos demitidos é que descobrimos nosso maior talento e passamos de empregados a empresários, porque nos descobrimos empreendedores. A porta fechada pode ser sinal de uma grande porteira a ser aberta logo à frente. Tudo depende da nossa visão e da nossa fé.

Um sonho pode virar realidade ou pesadelo. Essa concretização está diretamente ligada à nossa fé. É necessário estar em sintonia com Deus, e isso você só conseguirá se, de fato e de verdade, buscar o espírito Dele em você.

Aprenda, portanto, a usar as grandes dificuldades. Vencedores receberam esse título porque tiveram grandes desafios. Derrotados não passam dessa condição, pois não têm disposição para avançar, apenas para murmurar e andar em círculos. Olhar para o alto e para frente é um impulso, porque nos mantém eretos. Olhar para trás e para baixo faz qualquer um se curvar. As conquistas são fruto não do merecimento, mas do comprometimento.

Um pouco mais de vida amorosa

Voltando a falar sobre minha vida sentimental, confesso que tive grandes batalhas, e não só eu, mas toda minha família, que sempre sofreu e ainda sofre com o que chamo de "maldições hereditárias". Muitos não creem, mas, se observarmos, várias famílias têm os mesmos problemas de saúde por gerações. É certo que a explicação científica para isso é a genética, mas como explicar o fato de pessoas com problemas hereditários se curarem pela fé?

Isso acontece também em outras áreas da vida – sentimental, financeira e familiar. Precisamos estar alerta e nos libertar, através da nossa fé, dos problemas hereditários. Tenho total consciência de que faço parte de um histórico familiar de fracassos na vida sentimental. Mas, hoje, não o aceito mais, não me entrego a ele. Determinei que, a partir de mim, essa trajetória mudará. Meu filho e as gerações futuras, pela minha fé e perseverança, não serão mais atingidos por esse mal.

Cabe a cada um de nós mudar a história de nossas famílias. Tudo tem um começo. Se houve um início do mal em algum tempo, ainda é tempo de iniciar o bem. Creiam nisso.

"Crê no senhor Jesus e será salvo Tu e tua casa."
Atos 16:31

Por ser extremamente apaixonada e querer me entregar verdadeiramente ao meu casamento com José Augusto, acabei por me perder e confundir sentimentos. A Palavra diz: "Amai ao próximo *como* a ti mesmo. E a Deus sobre todas as coisas". Em determinado momento, não percebi que estava amando *mais* a ele, meu companheiro, do que a mim mesma, e isso causou um desequilíbrio no convívio do casal. Com minha dedicação exagerada, acredito que tirava do meu marido o prazer de me conquistar a cada dia. O brilho deixava de ser o mesmo.

Claro que sofri, pois fiquei transtornada só de pensar que ele não me amava mais. Clamei e pedi ao Senhor que me fizesse enxergar segundo sua perspectiva. O Espírito Santo me fortaleceu e mostrou que precisa haver equilíbrio, e é por isso que no mandamento está escrito "*como*", no sentido de igualdade.

Você precisa se amar tanto quanto ama seu companheiro, para que ele tenha respeito por você. Para ser um mulher submissa, você não precisa se anular. Não se esqueça de que quando seu parceiro se apaixonou e quis conquistá-la, isso aconteceu porque você mostrou sua personalidade. Claro que, ao longo dos relacionamentos, podemos e devemos mudar atitudes e comportamentos, principalmente os que não estiverem de acordo com a vontade de Deus, mas lembre-se: mantenha sempre o seu bem querer por você mesma.

Lembre-se também de que todas as mudanças que forem para o seu crescimento espiritual serão positivas, pois Deus quer que moldemos nosso caráter. Nas dificuldades do relacionamento, coloque-se sempre na dependência de Deus, e Ele lhe mostrará, ao longo dos dias, a sua verdade. O inimigo tentará fazer você acreditar que existe destruição naquilo que você vê, mas o justo vive pela fé e, ao final da turbulência, só prevalece a Vontadc do Pai. O mal que tentou se levantar cairá por terra. Todas as tristezas e humilhações ficarão insignificantes perante sua vitória, e os ímpios que já estavam aplaudindo sua derrota serão envergonhados para a honra e a glória do Senhor.

Confie. Os milagres que vemos acontecer na vida das pessoas também estão preparados para nós. Não atrapalhe os planos de Deus para a sua vida. Não queira antecipar os milagres. A pressa pode fazer você voltar ao final da fila. Esteja pronto(a) para receber seu milagre, porém, com humildade, perseverança e resignação de um (a) servo(a), esperando a sua vez.

Podemos por tudo a perder, tanto pela ansiedade quanto pela autocompaixão. Se ficar chorando e se lamentando, Deus verá que ainda não está preparado(a), pois, demonstrará que precisa de colo e piedade. Apenas quem está suficientemente forte pode administrar suas bênçãos da melhor forma. Hoje, tenho certeza disso. A fé me trouxe perseverança, que me trouxe paciência, que, por sua vez, me deu a certeza da vitória.

Tribulações exigem paciência, que produz experiência, que por sua vez faz nascer a esperança, para então se cumprir a promessa de Deus.

"Tendo sido, pois, justificados pela fé, temos paz com Deus, por nosso Senhor Jesus Cristo. Pelo qual também temos entrada pela fé a esta graça, na qual estamos firmes, e nos gloriamos na esperança da glória de Deus. E não somente isto, mas também nos gloriamos nas tribulações; sabendo que a tribulação produz a paciência, e a paciência a experiência, e a experiência a esperança. E a esperança não traz confusão, porquanto o amor de

Deus está derramado em nossos corações pelo Espírito Santo que nos foi dado."

Romanos 5:1-5

Já li muito sobre mansidão, benignidade, longanimidade, e hoje sei que só encontraremos tudo isso se percorrermos a trajetória descrita anteriormente.

"Por isso, não abram mão da confiança que vocês têm; ela será ricamente recompensada. Vocês precisam perseverar, de modo que, quando tiverem feito a vontade de Deus, recebam o que ele prometeu; pois em breve, muito em breve "Aquele que vem virá, e não demorará. Mas o meu justo viverá pela fé. E, se retroceder, não me agradarei dele".

Hebreus 10:35-38

Não realizei tudo o que projetei para mim quando comecei a frequentar a igreja. No primeiro momento, foquei minhas orações na vida profissional e financeira, mas à medida que me aproximei de Deus, fui trocando a ansiedade material pela paz espiritual. Passei também por um interessante amadurecimento emocional e tive maior contato com Jesus.

Para ilustrar o que digo, contarei um episódio importante em minha vida. Quando trabalhava no programa *A tarde é nossa*, em 2004, na Rede Mulher, eu já frequentava a igreja e estava familiarizada com os ensinamentos de Deus. Não estava tão feliz com o meu programa. Por motivos alheios à minha vontade, não podia fazer o meu melhor e trazer retorno para a emissora. Assim, em uma das reuniões da minha igreja, com objetivo de fazer uma oração para mudar de situação e receber um milagre urgente, pedi a Deus que intercedesse por mim. A resposta veio rápida: no mesmo dia, fui chamada pelos meus superiores e demitida. É claro que qualquer um, conhecendo o desfecho dessa história, poderia se perguntar: "E cadê a bênção?".

Confesso que, no passado, ficaria até revoltada e descrente, mas achei maravilhoso o que aconteceu. Eu soube reconhecer que o meu pedido havia sido concedido, pois a situação decididamente havia mudado. O fato de ter "perdido" o emprego poderia me afetar financeiramente, é verdade, mas precisamos entender que os caminhos que Deus escolhe para nos mostrar sua fidelidade são, às vezes, completamente diferentes do que imaginamos.

Eu reconheci que os planos de Deus queriam me levar a outro caminho, e que eu só enxergaria isso à medida que estivesse afastada da mídia e de tudo o que sempre me cercou. O período pós-demissão me deu a oportunidade de colocar as expectativas sobre meu futuro apenas nas mãos de Deus. Por causa de dificuldades vividas também em meu relacionamento amoroso com José Augusto, firmei-me na fé e fui galgando degraus e aumentando meu conhecimento na Palavra de Deus. A partir daí, comecei a notar em mim uma transformação verdadeira.

Quem é da fé sabe do que estou falando. Quando começamos nossa busca, sentimos muita ansiedade, em todos os aspectos, mas só com o conhecimento é que vamos permitindo que Deus vá fazendo a sua obra em nossas vidas. Apenas precisamos nos manter em estado de atenção.

Orai e vigiai

Tenho notado que pessoas mais antigas dentro da fé ou da igreja perdem o entusiasmo, a perseverança e esfriam seu fervor. Isso é fatal, pois é nesse momento que o mal encontra brecha para agir. Não devemos pensar que, porque somos de Deus, fiéis servos, seremos poupados de tudo. Cabe a nós cuidarmos do nosso tesouro. Se vocês encontraram Jesus, tenham cautela para não se deixarem enganar e se acomodar em seu crescimento espiritual. O mais difícil é permanecer! Portanto, é nesse sentido que devemos preparar nosso "templo" para sermos dignos de receber e manter o Espírito Santo dentro de nossos corações.

Quando ouvia nas canções "Quero me esvaziar, me esquadrinha, me conhece e me enche com teu Espírito", eu desejava tudo isso, mas não sabia como fazer para conquistar essa plenitude. Então, fui percebendo, aos poucos, que esse estado acontece de acordo com a intensidade e a sinceridade da nossa entrega e da nossa perseverança. Deus precisa ter certeza de que nós O queremos realmente. A partir daí, poderemos ver o quanto Ele é fiel em todas as áreas da nossa vida.

Reconhecer Jesus como nosso salvador faz toda a diferença. Eu não sabia o que isso significava, então comecei a me concentrar. Todas as vezes em que orava e queria pedir algo em nome de Jesus, imaginava Ele na cruz. Com isso, me conscientizei do verdadeiro sacrifício e de quão importante nós somos para Deus. Jesus realmente nos salvou naquele momento, e é o reconhecimento disso que vai transformar nossas vidas. Nenhum sacrifício humano poderá superar tamanha entrega, e, pensando sempre assim, é que me fortaleço na fé a cada dia.

Quando quero chamar a atenção de Deus e pedir respostas, ou agradecer e louvá-lo, procuro me colocar também em uma situação de sacrifício, por isso que o jejum e os votos têm tamanha importância. São oportunidades para nos aproximarmos de Deus. É nessa hora que Ele pode avaliar quão puro é o nosso coração, o quanto nós cremos nele, o quanto somos fiéis, e, por fim, atender nossos pedidos através das bênçãos.

Compromisso

Compromisso é mesmo uma palavra que gera muitas responsabilidades. Quando você se propõe a ter um compromisso com alguém, deve estar ciente do que está fazendo. Isso vale para qualquer setor de nossas vidas.

À medida que vamos entendendo e vivenciando a Palavra e fazendo dela nosso propósito de vida, percebemos que queremos firmar um compromisso eterno com Jesus, tal qual quando nos apaixonamos. Se num relacionamento humano desejamos que seja eterno, imagine então quando a paixão é por Jesus. Começamos a ter necessidade de sua presença e, para que isso se torne uma constante, a melhor forma é firmar compromisso com Ele.

Acredito que a maioria das pessoas não sabe ao certo "como" e "quando" comprometem sua vida com Jesus, mas tenho certeza de que elas conseguem mensurar ao menos o "quanto". Posso afirmar que nesse aspecto, para mim, Ele é tudo. É impossível conhecer as coisas de Deus e não querer se comprometer com elas. Ainda não consegui saber exatamente "como" proceder, pois quero servir a Deus, estar em concentração plena, vivenciar minha fé todos os dias e sair gritando para o mundo o quanto isso é bom.

Essa é uma atitude que queremos estender a todos, a nosso companheiro, aos filhos, parentes e amigos; é grande o desejo de vermos todos envolvidos e comprometidos com Jesus. Sei, porém, que isso pode implicar renúncias, mas também sei o que quero para meu futuro. É muito importante saber o que queremos, pois isso fará diferença em relação às nossas atitudes, ao empenho e à perseverança para atingir essa meta.

O mais difícil nessa relação talvez seja esperar o tempo de Deus. Por vezes, não sabemos a hora certa de agir para servi-lo, e então podemos colocar os planos dEle a perder. Meu conselho, nesse aspecto, é o seguinte: procure sempre orar e pedir orientação ao Espírito Santo.

Durante muito tempo, cada vez que chegavam as festividades de final de ano, eu fazia vários projetos para o ano seguinte, os quais, na maioria das vezes, não se concretizavam. Muitos fazem o mesmo. Depois das reflexões e aprendizados na fé que vivi e venho vivendo, creio estar mudando essa situação. Por isso, acredito ser fundamental você crer e depositar todos os seus anseios no altar.

Depois de um tempo, passei a fazer planos e a receber respostas. Por quê? Será que Deus atende mais aos desejos do meu coração do que aos dos outros? Depende. Se você tiver confiança e fé verdadeira, também realizará seus projetos. Como se diz em uma canção: "Tu cumprirás o desejo do meu coração se eu te buscar; é impossível alguém estar perto de Ti e tuas bênçãos não ter".

Aí está o segredo. Tenho alcançado tudo o que quero até sem pronunciar o pedido. Tenho louvado e agradecido por tudo diariamente e buscado comunhão, unção e a presença do Espírito Santo. Esta tem sido a minha prioridade. O Senhor conhece nossos corações, assim como os desejos que pensamos estar bem escondidos, mas, pela nossa fé e perseverança, Ele traz tudo à tona e nos agracia com sua bondade.

Às vezes, pensamos que não seremos atendidos e perdemos totalmente as esperanças. As dificuldades e lutas que acontecem nas mais diversas áreas de nossas vidas, sempre envolvendo a quem amamos, nos levam a pensar que o dia da nossa bênção nunca chegará. Não pense assim. Este é o plano do inimigo: fazer você desacreditar e desistir. Em oração, peça ao Pai a orientação para saber se sua vontade está de acordo com os planos dEle. A resposta virá em sua mente. Se não for uma bênção para sua vida, você desistirá do projeto, e o que é melhor, terá a certeza de que não deveria seguir em frente. Agora, se a certeza vier para que você concretize sua ideia, não tema nada nem ninguém, pois mesmo que haja dificuldade, você vencerá.

Tudo tem seu tempo certo, até mesmo nossas perdas, angústias e aflições. Mas a recompensa sempre é maior quando humildemente nos colocamos em uma posição de entendimento para acatarmos a vontade e a decisão no tempo do Pai.

Neste meu caminhar, recentemente aprendi algo muito importante. Murmurar nos faz ficar parados ou andar em círculos. Como diz o velho ditado, existem momentos em que morder a língua é sábio. Não consegue se controlar? Vou dar uma dica que recebi de uma grande amiga, minha mãe na fé. Quando não conseguir se calar, pegue um copo de água, encha a boca e fique segurando. Parece engraçado, até absurdo, mas a história de transformação na vida dela e em seu casamento é fantástica, apenas porque aprendeu a se calar.

"Meus irmãos, não sejam muitos de vocês mestres, pois vocês sabem que nós, os que ensinamos, seremos julgados com maior rigor. Todos tropeçamos de muitas maneiras. Se alguém não

tropeça no falar, tal homem é perfeito, sendo também capaz de dominar todo o seu corpo. Quando colocamos freios na boca dos cavalos para que eles nos obedeçam, podemos controlar o animal todo. Tomem também como exemplo os navios; embora sejam tão grandes e impelidos por fortes ventos, são dirigidos por um leme muito pequeno, conforme a vontade do piloto. Semelhantemente, a língua é um pequeno órgão do corpo, mas se vangloria de grandes coisas. Vejam como um grande bosque é incendiado por uma simples fagulha. Assim também, a língua é um fogo; é um mundo de iniquidade. Colocada entre os membros do nosso corpo, contamina a pessoa por inteiro, incendeia todo o curso de sua vida, sendo ela mesma incendiada pelo inferno. Toda espécie de animais, aves, répteis e criaturas do mar doma-se e é domada pela espécie humana; a língua, porém, ninguém consegue domar. É um mal incontrolável, cheio de veneno mortífero. Com a língua bendizemos ao Senhor e Pai, e com ela amaldiçoamos os homens, feitos à semelhança de Deus. Da mesma boca procedem bênção e maldição. Meus irmãos, não pode ser assim! Acaso pode sair água doce e água amarga da mesma fonte?"

Tiago 3:1-11

Sob os cuidados de Deus, como uma orquídea

Desde que resolvi seguir meu atual caminho, sinto que sou como uma orquídea que chegou há pouco tempo às mãos do orquidófilo para ser cuidada. Primeiro, ele precisa retirar a terra e detectar qual é o problema com a flor. Depois, deve verificar o estado de suas raízes, limpá-las e só então recolocá-la em um vaso novo e limpo, para adubá-la e tratá-la. É um processo que leva tempo, e a orquídea precisa ficar assim por um longo período, às vezes quase um ano, dentro do orquidário, para só então florescer.

Às vezes, não entendemos por que Deus, tal qual um orquidófilo, precisa nos deixar na estufa, aparentemente sem fazer nada, apenas nos enchendo de cuidados. Pois esse é, afinal, o período de preparação e fortalecimento que precisamos passar para que possamos dar flores lindas e fortes.

Estou hoje justamente nessa espera. Existe em mim, porém, uma grande certeza – chegará o meu tempo de florir. O melhor de tudo, nesse meio tempo, é essa certeza, pois é ela que me fortalece para continuar a louvar, dar graças e glórias a Deus, mesmo quando sinto que poderia ser utilizada mais ainda como instrumento de Deus. O momento em que a flor desabrochar será a prova de que a obra bem feita e bem cuidada sempre tem um resultado final esplendoroso.

Permita que Deus complete a obra que planejou para você. Coloque-se à disposição e contemple uma outra forma de servir. Espere. Essa palavra, aliás, praticamente responde tudo, pois você terá sempre a *esperança*.

Existem ditados populares que usamos casualmente sem pensar muito neles, mas que guardam as verdades de Deus. Quando você está atribulado(a) e envolvido(a) com um problema, já deve, em algum momento, ter dito o seguinte: "Quanto mais rezo, mais assombração aparece". Eis mais um dos truques usados pelo inimigo. Aprenda a reconhecê-los, pois a grande verdade é que, quanto mais você orar, mais sua vida mudará, e, claro, para melhor.

Quando entramos em oração e nos propomos a lutar por uma causa, o inimigo se revolta e age sorrateiramente, colocando dificuldades e empecilhos diante de nós, para que pensemos que, depois que iniciamos o propósito, a vigília, o jejum, a corrente de orações, tudo acabou piorando. Mas não é assim que funciona de verdade. Por isso, persevere.

Perseverar

Eu aprendi e mudei muitas situações da minha vida perseverando. Muitas delas estão relatadas neste meu testemunho. Sei que é extremamente difícil para nós, seres humanos, quando somos feridos e magoados e temos que orar por aquela pessoa que nos atingiu. Ou, ainda, quando atravessamos um problema de saúde e temos de manter a chama da fé acesa, principalmente depois de termos feito todas as orações possíveis e continuarmos sem receber a graça.

Passar por uma dificuldade financeira, sentir fome ou frio e continuar acreditando que tudo é passageiro e que a situação vai mudar realmente exige muita força. Não é diferente quando perdemos um ente querido, quando nosso casamento se desfaz, quando temos de enfrentar problemas de drogas na família e assim por diante e, mesmo assim e apesar de tudo, precisamos continuar acreditando na vitória.

A maior verdade que aprendi é que só Jesus liberta, salva e cura. Por isso, renda-se a Ele e vivencie essa verdade. A oração contínua é o melhor e mais rápido caminho para nos comunicarmos com Deus. Não fique esperando uma cena milagrosa. Conversar e estar próximo de Deus não requer grandes produções. Clame, louve, verbalize seus pedidos e, então, aquiete seu coração, esperando a resposta.

Outro dia, ouvi um homem de Deus dizer que às vezes falamos tanto, pedimos tanto, que não damos tempo para Deus se manifestar. Todo diálogo exige que um fale e o outro ouça, e vice-versa. Então aprenda e eduque seu coração também para ouvir.

Podemos estabelecer uma conexão direta com Deus. Comprometendo-nos. Como? Assumindo o compromisso de reservar alguns minutos para falar com Ele todos os dias, não importa onde e quando, o que importa é perseverar. Você perceberá que, quando não o fizer, sentirá falta, que alguns minutos é muito pouco, que isso traz paz. Esse é o compromisso mais importante da nossa existência: Jesus.

Ao longo da vida, sempre procuramos alguém para quem contar nossos segredos, conquistas, relacionamentos e tudo mais. Quando tomo ciência das maravilhas de Deus, para quem devo contar? Claro que para o mundo todo, pois temos a missão de ajudar ao próximo e a obrigação de testemunhar a diferença que faz uma vida ao lado de Jesus. Mas creia que, para cada pessoa, Ele tem um objetivo. Então, vale a pena se perguntar: "Com quem Deus gostaria que eu partilhasse isso?". No meu caso, pela minha história, acredito que sejam as pessoas as quais posso atingir por meio da mídia. Toda a minha trajetória hoje me leva a esse caminho.

A superexposição na mídia sempre faz com que uma pessoa pública seja referência, pelo modo de ela se vestir, se comportar, ser e viver. Só por essa razão todos aqueles que têm uma vida sob os holofotes precisam estar atentos e preocupados com a imagem e valores que passarão para as demais pessoas. Vale lembrar que a responsabilidade é muito grande, assim como a cobrança.

Nosso comportamento pode influenciar jovens, crianças e todo o tipo de gente. Em diversas situações, a pessoa pública se torna, aos olhos do espectador, um amigo, uma companhia e até mesmo um exemplo a seguir. Devemos ter consciência do quanto realmente estamos contribuindo para melhorar o universo, seja através da letra de uma música, do texto de uma peça de teatro, seja por meio do enredo de uma novela.

Seria ótimo se os meios de comunicação deixassem de se preocupar apenas com os resultados financeiros e utilizassem todo o seu potencial de se comunicar e influenciar grandes massas, para transmitir boas mensagens para formação de caráter, conduta e bom comportamento.

Na atualidade, as mulheres, quando necessitam trabalhar fora para ajudar no orçamento familiar, terminam sobrecarregadas em suas funções, pois querem cumprir seus papéis de mãe, esposa e também vencer profissionalmente. Infelizmente, isso gera insatisfação, pois, na maioria dos casos, elas não têm conseguido satisfazer as próprias expectativas. Por isso, mais uma vez, retorno ao ponto das prioridades.

As mulheres que conseguirem esclarecer para si mesmas a importância de ter Deus acima de tudo e orarem frequentemente para que Ele as conduza serão as únicas que conciliarão a dupla jornada de trabalho. Muitas consideram a atitude de priorizar a família algo antiquado, mas é necessário que elas façam as coisas na ordem certa, pois só assim alcançarão a realização total.

Existem muitas mulheres vitoriosas, mas que só conseguiram organizar as respectivas vidas porque as entregaram de fato a Deus. E assim, conseguiram e conseguem aplicar as verdades aprendidas na Palavra de Deus ao seu cotidiano. Resultado: superam facilmente aquelas mulheres que resistem à obediência e vivem em uma busca incessante pela liberdade feminina e o sucesso. Essas mulheres se esquecem de colocar suas expectativas em Deus acima de suas próprias vontades.

Saiba que quando me propus a escrever meu testemunho de transformação, a princípio não pensei em divulgá-lo, mas fui percebendo a dimensão que ele poderia ter e tive plena certeza e uma vontade imensa de dividir minhas descobertas, dificuldades e aprendizado na fé.

Nossas palavras têm poder. Essa verdade me inspirou. Que venhamos a pronunciar apenas o que for bom e útil para edificar nossas vidas e das pessoas ao nosso redor. Uma boa palavra, na hora certa, faz toda a diferença. Fortalece, inspira, encoraja. É dessa forma que devemos usar nossa voz, para o nosso crescimento e o de nossos semelhantes.

Espero que você, leitor(a) paciente deste meu testemunho, ao conhecer um pouco mais da minha trajetória, possa reconhecer o quanto Deus sempre esteve presente em sua vida, ainda que você não tenha se dado conta disso. Lembremos que Ele se faz presente agora, ao nos dar a preciosa oportunidade de dividir estes edificantes momentos juntos. Aceitem meu testemunho como uma demonstração do amor de Cristo por nós.

"E nós conhecemos e cremos no amor que Deus tem por nós. Deus é amor, e aquele que permanece no amor permanece em Deus e Deus, nele."

João 4:16

O moldar de Deus na caminhada

Quero compartilhar minhas experiências mais recentes, mas, antes disso, a caminhada para estas linhas chegarem até você. Iniciei este livro no início de 2007. Para mim, era um momento tão especial na fé, que estava ansiosa por dividir minhas experiências com outras pessoas e, por meio de meus relatos, ajudar a transformar vidas. Eu estava bastante ansiosa, mas a Palavra de Deus diz assim:

"Não andeis ansiosos por coisa alguma; antes em tudo sejam os vossos pedidos conhecidos diante de Deus pela oração e súplica com ações de graças; e a paz de Deus, que excede todo o entendimento, guardará os vossos corações e os vossos pensamentos em Cristo Jesus. Quanto ao mais, irmãos, tudo o que é verdadeiro, tudo o que é honesto, tudo o que é justo, tudo o que é puro, tudo o que é amável, tudo o que é de boa fama, se há alguma virtude, e se há algum louvor, nisso pensai. O que também aprendestes, e recebestes, e ouvistes, e vistes em mim, isso praticai; e o Deus de paz será convosco..."

Filipenses 4:6-9

Assim que comecei escrever, mesmo sem ninguém saber da minha intenção, veio um convite para que eu pudesse editar e lançar meu livro.

Logo que isso aconteceu, pensei ser o momento ideal, mas o que tem propósito divino só pode ser concluído e guiado por Deus. No meu entendimento da época e aos olhos do mundo, tudo estava colaborando para dar certo, e eu pensei que aquele era o momento ideal.

No dia em que fui à editora para conhecer as pessoas responsáveis pelo lançamento do livro, tudo mudou. Chegando lá, fui encaminhada para uma gravadora do mesmo grupo e, por fim, em vez de lançar o livro, acabei gravando meu primeiro CD gospel – isso em 2007.

Essa mudança de rumo gerou outras mudanças radicais em minha vida pessoal e me colocou diante de uma escolha muito difícil: meu casamento com José Augusto ou a fé que tinha escolhido viver e queria compartilhar com todos. Nessa hora é que você prova para Deus se está comprometida ou não. Com muito custo e muitas lágrimas, mesmo contra a minha vontade e tudo que sempre desejei de um relacionamento, fiz minha escolha e decidi abrir mão de tudo pela minha vida com Deus.

Tomei minha decisão e não olhei para trás. Isso me custou muito em todas as áreas da minha vida – sentimental, financeira e familiar. Foi difícil abrir mão do meu sonho da família e começar tudo de novo, porém desta vez com uma certeza incrível de que nunca mais o mal iria me atingir na vida sentimental. Fiz a melhor escolha.

Separei-me no final daquele ano. Ninguém do meu círculo íntimo se conformava. Aparentemente, eu e meu companheiro éramos o casal perfeito que se amava demais, que tinha tudo para dar certo, que possuía afinidades. Pessoas próximas se revoltaram ao ver o fim de nossa história. Como eu, que pregava tanto que se deve lutar pela família e que vivia na fé, estava naquela situação? Onde estava meu Deus?

Passei os piores momentos da minha vida, pois ainda não tinha maturidade espiritual para entender porque o meu casamento terminara e, principalmente, para enfrentar todas as consequências da separação.

Quando fiz a escolha de me casar depois dos 40 anos, abri mão da minha carreira e sumi da mídia. Por já estar convertida, acreditei ser a melhor decisão, pois queria investir todas as minhas fichas no casamento, que acreditava ser abençoado. Imagine só, eu, recém-convertida, lançando um CD de músicas gospel e, no meio de tudo isso, passando um furacão na minha vida pessoal! Que testemunho eu daria? Como iria levar a Palavra de Deus e dizer que era separada? Que mais um relacionamento não havia dado certo, mesmo depois de convertida?

Além dessas tribulações, passei por dificuldades financeiras, pois fiquei sem trabalhar por mais de dois anos e meio durante meu casamento. Como recomeçar do zero, aos 44 anos de idade, tendo me ausentado da mídia por tanto tempo e sem nenhum trabalho? Nesse momento, só me restou a fé. Só me restou colocar à prova toda minha confiança em Deus.

Confesso que foi extremamente difícil. Lutei muito comigo mesma, pois vi que meu coração, mesmo convertido, não era 100% de Deus. Era dele, do meu marido; ele era minha prioridade e eu morria de saudades dele. Chorei muito. Mais que um rio de lágrimas, o mar inteiro. Demorei muito para cicatrizar as feridas e também errei e cobrei muito de Deus. Esperava de qualquer forma que Ele fizesse a minha vontade, restaurasse meu casamento, mudasse meu marido e o convertesse. Acredito que depois desse episódio veio o grande moldar de Deus em minha vida.

Foram diversos anos calada, nessa luta. Custei a me libertar de mim mesma. Nada me consolava. Nesse emaranhado de sentimentos fui caminhando, mas, mesmo em meio à dor, fui me deixando moldar. Dia após dia. Mês após mês e ano após ano. Depois de um longo tempo na fé e pedindo a Deus para me mudar, transformar meu ser, meu querer, meu agir e com muita oração, jejum e votos no altar, acredito ter vencido a batalha da vida sentimental.

As outras áreas da minha vida também foram afetadas, pois passei tantos anos focada praticamente na vida sentimental que não me dava conta de que isso me enfraquecia em outras situações. Aí é que vemos o quão enganoso é o coração.

"Assim diz o Senhor: Maldito o varão que confia no homem, e faz da carne o seu braço, e aparta o seu coração do Senhor! Pois é como o junípero no deserto, e não verá vir bem algum; antes morará nos lugares secos do deserto, em terra salgada e inabitada. Bendito o varão que confia no Senhor, e cuja esperança é o Senhor. Porque é como a árvore plantada junto às águas, que estende as suas raízes para

o ribeiro, e não receia quando vem o calor, mas a sua folha fica verde; e no ano de sequidão não se afadiga, nem deixa de dar fruto. Enganoso é o coração, mais do que todas as coisas, e perverso; quem o poderá conhecer?"

Jeremias 17:5-9

Enquanto não resolvi a questão amorosa dentro de mim, fiquei aprisionada a esta situação e, com isso, Deus não pôde operar. Se o nosso coração não é Dele, Ele nada pode fazer. A partir do momento que tomei consciência disso e me permiti caminhar, comecei uma nova fase, a cuidar de outras áreas da vida. Permiti o trabalho de Deus em cada uma delas.

Iniciei um processo de faxina espiritual, conferindo onde havia mais "buracos" e buscando ajuda. Como? Por meio do fortalecimento da fé. Parei de murmurar, me calei e orei. Passei pela prova dando glória a Deus. Vivenciei cada provação como uma oportunidade de construir meu testemunho.

Desde que tomei essa atitude, fiquei mais tranquila. Passei a viver o presente acreditando sempre que Deus proverá. Que nada, absolutamente nada, me faltará.

"O Senhor é o meu pastor, nada me faltará. Deitar-me faz em verdes pastos, guia-me mansamente a águas tranquilas. Refrigera a minha alma; guia-me pelas veredas da justiça, por amor do seu nome. Ainda que eu andasse pelo vale da sombra da morte, não temeria mal algum, porque tu estás comigo; a tua vara e o teu cajado me consolam. Preparas uma mesa perante mim na presença dos meus inimigos, unges a minha cabeça com óleo, o meu cálice transborda. Certamente que a bondade e a misericórdia me seguirão todos os dias da minha vida; e habitarei na casa do Senhor por longos dias."

Salmos 23:1-6

Tenho vivido experiências incríveis dentro deste propósito. Eu me permiti, mas confesso que, em outra fase, faz pouco tempo, aconteceu algo que me fez acordar. No ano de 2011, recebi um convite para me filiar a um partido político. Desde o início havia um propósito nisso, e só aceitei porque acreditei que poderia fazer a diferença com um trabalho para beneficiar as pessoas. Nunca quis a política em minha vida para ter um cargo, um título ou um salário a mais, como não vejo até hoje.

Entrei na política para fazer parte de um grupo de mulheres que desejavam lutar por algumas causas. Não me candidatei nas eleições de 2012. Permaneci no partido, conhecendo mais e fazendo um trabalho de bastidores. Aprendendo.

Em 2013, surgiu uma nova oportunidade: sair do grupo de mulheres e ir para área do transporte. Identifiquei-me com o assunto por causa da minha trajetória e aceitei mais um desafio. Fui nomeada Coordenadora Nacional do Transporte dentro do partido.

Em 2014, aceitei sair como candidata à deputada federal, para lutar pelo transporte e por assuntos ligados aos caminhoneiros. Penso, sim, que posso realizar um bom trabalho e fazer a diferença. Conheço o assunto, pois vivi a estrada na pele por quase 30 anos. Entendi que era o momento para isso.

A campanha foi uma loucura, ano de Copa do Mundo no Brasil, início de uma grande crise política, e eu no meio de tudo isso. Não tinha ideia do que aconteceria. Fui parar no meio do furacão. Foram mais de 60 municípios visitados em 45 dias, muito trabalho, poucas horas de sono e todas as emoções e sentimentos à flor da pele.

Nunca participei de um *reality show*, mas acho que posso comparar uma campanha a uma experiência assim. É em situações-limite que podemos nos enxergar e avaliar de fato quem somos e como estamos. Confesso que não imaginava ter tanta "sujeira" ainda dentro de mim. Imaginava que, por buscar minha comunhão com Deus, orar, estar dentro da igreja estava "zerada" e livre de sentimentos perniciosos do dia a dia.

Não fui bem-sucedida na eleição. Tive 3.795 votos, nada perto da minha expectativa e de todos a minha volta. Nessa hora, me dei conta de tudo que havia aflorado em mim. Sentimentos que pensei que já estavam mortos. Durante a exaustiva campanha, tive reações que pensei que nunca mais teria, atitudes movidas por ciúme, raiva, inveja, impaciência, orgulho, tudo que imaginava de fato ter matado em mim.

No dia da eleição, então, foi pior. Senti vergonha, humilhação e orgulho novamente. Como eu, uma pessoa nacionalmente conhecida, reconhecida, amada por um grande público, poderia não ter sido eleita?

Você já se flagrou numa situação como essa? Em que seu orgulho, vaidade, inveja e tantos outros sentimentos vieram à tona? O que você fez? Que lição tirou disso? Hoje, reconheço que a experiência foi boa. Ela fez com que eu pudesse olhar para mim mesma novamente e entender que sempre precisamos melhorar. Todos os dias devemos fazer uma faxina interior.

Depois dos primeiros meses pós-eleições, mais uma vez me apresentei diante de Deus pedindo misericórdia, para me ajudar a ser diferente do que havia visto em mim naqueles dias. Desde então, venho me vigiando, me reeducando na fé, me reinventando.

Se você estiver passando por algo parecido, olhe no espelho e busque coragem para reconhecer esses pontos fracos e mudar tudo. Ore agora por isso. Peça misericórdia.

"Louvai ao Senhor. Louvai ao Senhor, porque ele é bom, porque a sua misericórdia dura para sempre."

Salmos 106:1

As pessoas pensam que uma pessoa pública, como eu, leva uma vida de princesa 24 horas por dia. No meu caso, até de rainha! A verdade é que tenho dores e aflições como todo mundo, mas realmente tenho conseguido manter o ânimo.

"Tenho-vos dito isto, para que em mim tenhais paz; no mundo tereis aflições, mas tende bom ânimo, pois eu venci o mundo."

João 16:33

Fazendo a diferença

Nos últimos tempos, minha fé e confiança foram extremamente provadas. Tenho vencido minhas batalhas a cada dia, sempre apoiada pela fé inteligente. Mudei hábitos e conceitos que são convencionais à maioria das pessoas. Tenho andado diferente. Abri mão de valores que para muitos são fundamentais e troquei-os por uma vida de mais intimidade com Deus. Isso tem gerado uma paz que excede todo entendimento.

As dificuldades financeiras e profissionais foram uma moldagem de Deus no meu caráter. Comecei abrindo mão de ter uma ajudante para os serviços domésticos em casa. Coisa mais que natural, principalmente para quem vive fora do nosso país, mas, para nossos hábitos e sobretudo para quem sempre teve condição social para bancar, com certeza um grande desconforto.

Com o passar dos meses, me descobri agraciada. Pude resgatar meu lado dona de casa e cuidar detalhadamente de tudo que tenho. Passei a fazer faxina, cuidar da roupa e redescobri o prazer de cozinhar para o meu filho. É aí que está a diferença: como você encara as dificuldades.

Na sequência, abri mão do meu carro. Passei a usar todos os tipos de transporte público e, mais uma vez, consegui enxergar oportunidades. A cada viagem de ônibus, trem ou metrô, ficava olhando para as pessoas. Imaginava a luta diária de cada um, seus desafios pessoais e passei a ter mais amor e compaixão pelo próximo, coisa que perdemos se nos afastamos muito do dia a dia dos mais necessitados, que têm uma condição financeira diferente da que vivemos, e também por conta das facilidades e mordomias que uma trajetória de sucesso proporciona. Aproximei-me mais da realidade mostrada nos jornais, que antes acompanhava só pela televisão e pelas mídias sociais.

Hoje, em meio a tanta correria, falta de tempo e afazeres, vivemos um dia após o outro sem perceber de fato tudo o que está a nossa volta. Pare agora. Permita-se alguns minutos de reflexão. Pense no faxineiro do seu serviço, no porteiro do seu prédio, no guarda da rua, no mendigo que estava na esquina, no vendedor do farol. Perceba que, num mesmo dia, muitas pessoas estão a nossa volta e nem sempre olhamos para elas, nem que seja para darmos graças por, às vezes, estarmos socialmente em condição melhor. Examine-se.

E espiritualmente, qual é a sua condição? Qual é a diferença entre você e tantas outras pessoas? Deu uma palavra de ânimo para alguém hoje? Um sorriso? Um olhar de compaixão? Uma oração? Essas são formas de você exercitar seu amor pelo próximo. Experimente um pouco por dia.

Dessa forma, passamos a fazer diferença. Em meio às lutas, devemos confiar que a vontade de

Deus é boa, perfeita e agradável, que todas as coisas cooperam para o bem dos que temem a Deus, ainda que você esteja em meio a um furacão. Deus está sempre no controle. Outras dificuldades certamente virão, pois o caminhar na fé é isso. E sei disso por estar permitindo cada vez mais o agir e o moldar de Deus em mim. Sairei vencedora em todas as áreas da minha vida.

Quero que isso fique dentro de você depois de ler cada linha deste livro. Tenha certeza de que, ao se colocar na presença de Deus, entregando suas dores, aflições, incertezas e medos na mão dele, irá superar cada etapa no seu tempo correto.

Agradecimentos

No momento em que parei para pensar a quem agradecer, resolvi que iria expressar minha gratidão às pessoas que fazem parte desta história e as que, mesmo sem terem sido citadas, foram colaboradoras para que esta obra se concretizasse.

Agradeço então ao Bispo João Batista e sua esposa, Dona Marilene. Eles são os meus pais na fé e como verdadeiros educadores me guiaram desde o início. Foi ele quem me convidou a conhecer a Palavra. Ela, durante a caminhada, me amparou, aconselhou, cuidou e orientou para que eu não desviasse do caminho.

Agradeço também à família do José Augusto. Refiro-me aos cunhados, cunhadas, sobrinhos e filhos. Eles representam consolo nas horas difíceis e sinceridade na amizade até os dias de hoje. Irmãos para sempre. Uma família na fé.

Agradeço ao pai do meu filho Natan, Osmar Gonçalves: por sempre apoiar tudo que faço, por me ajudar a educar nosso filho e respeitar a minha escolha de fé.

Ao meu filho Natan: que me move a fazer sempre meu melhor, que me estimula a superar dificuldades e a encarar desafios.

A minha mãe Maria José: por ter lutado por mim.

A Soraia Reis: que não desistiu de mim nem desta obra. Com certeza, ela foi um instrumento nas mãos de Deus para me mostrar que Ele sempre colocará pessoas em nossas vidas para realizar e fazer cumprir promessas que tem para nós.

E agradeço a Companhia Editora Nacional que, desde seu presidente, Jorge Yunes, acreditou no livro e cumpriu seu compromisso comigo, assim como cada profissional envolvido com o projeto por me deixarem tranquila e segura, dando todo suporte para que cada linha desta obra venha a cumprir seu propósito de transformar vidas.

Este livro foi publicado em 2016
pela Companhia Editora Nacional.